HILFE, ICH HABE TEENITUS!

D1514443

Clemens Hagen & Valerie Hagen

Hilfe, ich habe TEENITUS!

Be- und Erkenntnisse eines gnadenlos überforderten Vaters

SCHWARZKOPF & SCHWARZKOPF

INHALT

Für Valerie, die beste Tochter der Welt,
und für Alexa, die beste Verlobte der Welt

PLÖTZLICH PLANLOS!

Wie geht ein Vater mit seiner Teenie-Tochter um? Und sie mit ihm?

Zugegeben, ich selbst hab's als Teenager zum Leidwesen meiner Eltern ordentlich krachen lassen. Aber richtig aus den Fugen gerät mein Leben erst jetzt, mit Ende 40. Meine Tochter Valerie steckt in der Pubertät! Und wie! Seit bald drei Jahren leide ich unter einem besonders schweren Fall von Teenitus. Mir kann kein Arzt helfen und in der Apotheke zucken sie auch nur mit den Schultern. Verglichen mit meinen jetzigen Problemen war Windelwechseln ein Kinderspiel. Ich weiß: Es ist normal, dass Töchter ihre Väter irgendwann vom Thron stoßen. Das gehört zum Abnabelungsprozess, ist Teil des Erwachsenwerdens. Aber dass der Fall so tief und die Landung so schmerzhaft sein würde, hätte ich mir nie träumen lassen.

Gespräche mit Valerie scheitern regelmäßig, weil sie, statt zu reden, lieber auf Facebook chattet oder sich die Fingernägel lackiert. Und wenn sie spricht, dann lauten ihre Antworten »Ja, Papa«, »Nein, Papa«, »Gut, Papa«. Redselig wird Valerie nur, wenn's um die Erlaubnis für die nächste Party geht: »Papa, da dürfen wirklich *alle* hin, das wird die coolste Party des Jahrhunderts. Maxi und Alex legen auf, das sind die allerallerbesten DJs. Ich habe heute schon sooo viel gelernt, bitte lass mich hingehen.« Lässt man sie dann feiern, kommt sie natürlich nicht zur vereinbarten Zeit nach Hause, sondern mindestens eine Stunde später. Verbietet man Valerie die Party, weil am übernächsten Tag vielleicht eine Physik-Schulaufgabe ansteht, schickt sie eine Hass-SMS, die in der Regel so beginnt: »Du bist echt die größte Spaßbremse!«

Wenn's um die Geburt eines Kindes geht, gibt es tausend schlaue Tipps: Schwangerschafts- und Wickel-Kurse, stramplerstrickende Omas, Yoga-Kurse für werdende Eltern, Kochschulen für den perfekten Bio-Babybrei. Aber auf die Pubertät bereitet einen niemand vor. Oder kennen Sie etwa »Flunkyball«, ein unter Teenies sehr beliebtes (Bier-)Trinkspiel unter freiem Himmel? Hätten Sie sich jemals träumen lassen, als Mann eine Frauenärztin aufzusuchen, weil die Anti-Baby-Pille Ihre Tochter hyperaggressiv macht? Wären Sie jemals auf die Idee gekommen, dass Sie in einem Museum Hausverbot kriegen, weil Ihr Kind Kunst klaut? Würden Sie sich nicht auch wundern, wenn der Schuldirektor Ihrer Tochter Sie auf eine Runde Skat einlädt? Ich kenne das alles – und leider noch viel mehr.

Zu unserer persönlichen Situation: Von Valeries Mutter bin ich seit mehreren Jahren geschieden. Inzwischen bin ich wieder verlobt (sie heißt Alexa) und versuche, der beste Vater für Valerie zu sein. Aber es kommt im Leben meiner Tochter und dem meinen trotzdem immer wieder zu kleineren und größeren Teenie-Dramen. 50 besonders durchgeknallt-verrückt-lustige Episoden habe ich aufgeschrieben. Also schnappen Sie sich – ganz teeniemäßig – ein kühles Desperados-Bier aus dem Kühlschrank – und dann ab auf die Lese-Couch! Sie werden sehen: Mit Ihren Teenie-Problemen sind Sie keinesfalls allein auf der Welt.

Clemens Hagen (kurz vor dem Hörsturz)

VALERIES VORWORT

Teenitus? Ha! Von wegen: Hilfe, ich habe Papatus! Also, *du* denkst echt, *ich* bin kompliziert? So ein Quatsch, Papa! Wenn du Ohrenprobleme hast, geh zum Onkel Doktor. Ich hab damit null zu tun. Ich bin ein hart normales Mädchen. Nenn mich Teenie, aber dafür kann ich ja gerade nix. Wieso drehst du durch, bloß, weil ich aufgehört habe, mit Barbies zu spielen? Habe ich lange genug getan – und einen Ken wolltest du mir nie schenken. Dann kümmer ich mich halt um die echten Jungs. Selber schuld. Als du in der Pubertät warst, gab's wahrscheinlich noch Dinosaurier auf der Erde. Nur, weil du anscheinend unter Gedächtnisschwund leidest – Oder hast du vergessen, dass du mit 15 einen »Verschärften Verweis« wegen Biertrinkens im Unterricht bekommen hast? –, hast du es offenbar komplett ausgeblendet, dass du auch mal jung warst.

Sorry, jetzt bin ich im Gegensatz zu dir jung. Ich trinke keinen Alkohol im Unterricht – sei froh. Aber abends! Und wenn ich's dann beim Weggehen krachen lasse, bin ich gleich die schlimmste Tochter. Dabei ist das völlig normal. Das machen doch alle so. Allerdings trinken wir lieber Jägermeister als Bier. Zugegeben: Mir sind in den letzten Jahren viele verrückte Dinge passiert. Aber weißt du was – Gott sei Dank!! Ich will kein langweiliges Spießer-Leben, ich will ich sein.

Dass du ein Buch über unser, mein Leben geschrieben hast, finde ich by the way ganz praktisch. Sonst müsste ich am Ende noch selber Tagebuch führen. Und mein Dasein auf Facebook ist schon zeitintensiv genug. Das verstehst du jetzt zwar nicht, weil du nicht auf Facebook bist – und bitte fang damit auch nie, nie an! Es ist schrecklich peinlich, wenn Eltern sich mit ihren Kindern auf Facebook befreunden wollen! Übrigens: Als du mir zum ersten Mal erzählt hast, dass du dieses Buch schreibst, habe ich nur gekreischt und gefragt, ob du einen Dachschaden hast. Mittlerweile finde ich, dass es richtig witzig und cool geworden ist. Besonders meine eigenen Kommentare zu deinen Kapiteln sind der Burner – denn da steht die wahre Wahrheit drinnen.

Valerie Hagen (kurz vor der nächsten Party)

1. KAPITEL

PEINLICH-PAPA

Es ist *das* Konzertereignis für Teenager in München. Seit Wochen liegt mir Valerie in den Ohren, dass sie unbedingt hin muss. »Sonst ist mein Leben ruiniert«, erklärt sie kategorisch. Also versuche ich, über meinen Kontakt zum Veranstalter, einem Lokalradiosender, Tickets für das Open-Air-Konzert mit Culcha Candela, James Blunt und Fettes Brot auf der Galopprennbahn München-Riem zu ergattern. Als die fünf Eintrittskarten endlich in meinem Briefkasten liegen, rufe ich sofort Valerie an und informiere sie über das freudige Ereignis. »Du bist der Größte, Papa! Die schwarzhaarige Sophie, die blonde Steffi und die rothaarige Melli freuen sich auch schon total darauf.«

Leider gibt es nur ein Problem: Meine Tochter und ihre Mädels sind fast alle erst 14. Das Konzert geht aber bis Mitternacht. Nach einem Anruf bei Sophies strenger Mutter steht fest: Eine Aufsicht muss her! Ich muss mitgehen als Teenie-Cop! Komischerweise bin ich der Einzige meiner Generation, der die Bands überhaupt kennt. Sophies Mutter denkt bei Fettes Brot an einen Back-Workshop und wundert sich, warum der ausgerechnet spätabends stattfindet. Also rufe ich noch mal Valerie an: »Dass die Tickets da sind, ist die gute Nachricht. Die schlechte ist, dass ich euch wohl oder übel begleiten muss. Sonst darf Sophie nicht mit.« Ich höre übers Telefon, wie Valerie einen tiefen Seufzer macht. »Aber ich kann's nicht ändern«, versuche ich ihr die Lage zu erklären. »Es gibt doch wohl schlimmere Begleitungen als mich!« Valerie will dies nicht kommentieren, was mich kurzzeitig irritiert.

Das Konzert naht. Stunden vorher fühle ich mich plötzlich wie eine Frau. Ich stehe vorm Kleiderschrank und habe wirklich gar nichts anzuziehen. Also nichts Teeniehaftes. Was würde ich tragen, wenn ich heute 14 wäre? Weiße College-Schuhe, eine senfgelbe Lederjacke und Worker-Jeans, die ich damals so irre toll fand, sind mehr als out. Ich ziehe nach langem Beraten mit meiner Verlobten Alexa ein pinkes Poloshirt an, dazu hochgekrempelte Jeans und gelbe Adidas-Sneaker. »Selten sahst du so jugendlich aus«, scherzt

Alexa – und ich bin irgendwie ein bisschen stolz. Um lässig auszuschauen, trage ich dazu noch einen Fünftagebart. Als schlaues i-Tüpfelchen sprühe ich mich mit dem angesagten Parfum von Abercrombie & Fitch ein, das ich vor einem Jahr mit Valerie in London gekauft hatte. So müssen doch alle Teenies zumindest riechen, dass ich einer von ihnen bin.

Minuten später klingelt Valerie an der Haustür und schaut mich entsetzt an: »Wie siehst du denn aus, bitte?!« – »Na, wie 14«, ist meine logische Erklärung für das bunte Outfit. »Oh Gott!«, kreischt Valerie. Da wir aber eh schon spät dran sind, bleibt keine Zeit für weitere Debatten über meinen Stil. Nach und nach sammeln wir Valeries Girlies auf und fahren Richtung Riem. Diese drei Mädels sind Valeries beste Freundinnen, sie kennt sie seit der fünften Klasse. Sophie ist die Ruhigere, Steffi die Selbstbewusste und Melli die Stimmungskanone. Dass die vier Mädels miteinander befreundet sind, sieht man auf den ersten Blick. Sie kaufen die gleichen Klamotten, Taschen, Schuhe, hören die gleiche Musik und stylen sich auch fast identisch. Als wir alle im Auto sitzen, schauen sie aus wie geklont. Ich muss grinsen. Natürlich würde ich ihnen das niemals sagen.

Auf der Rennbahn warten Tausende aufgedrehter Teenies auf ihre Idole. Selten habe ich mich so uralt gefühlt. Ich bin wirklich mit Abstand der Älteste. Das bemerkt auch meine Tochter, die sofort auf Abstand geht. »Hol dir doch was zu trinken«, befiehlt sie mir. »Wir probieren mal, so dicht wie möglich an die Bühne zu kommen, Papa!« Zu Befehl, denke ich und suche die nächste Bar auf. Während Mika auftritt, gönne ich mir ein alkoholfreies Bier, das aus dem Plastikbecher ziemlich widerlich schmeckt. Um mich herum eine einzige Teenie-Masse, die sicher kein alkoholfreies Bier bestellt hat. Die meisten wirken angetrunken und aufgeregt.

Um meine Aufpasserpflichten nicht zu verletzen, suche ich pflichtbewusst nach Valerie und den Mädels. Ich kämpfe mich durch etliche Reihen und finde endlich meine Tochter, die fröhlich zur Musik tanzt. Da auch alle anderen tanzen, wippe ich vorsichtig im Takt mit. Ich will ja nicht unangenehm auffallen und als alt und verknöchert wahrgenommen werden. Je schneller der Rhythmus wird, desto enthusiastischer bewege auch ich mich. Gar nicht so schlecht, diese Teenie-Musik von heute. Müssen ja nicht immer die Beatles oder Stones sein. Immer mehr tauche ich in die 14-plus-Welt ein, schaue mir ein paar Tanzbewegungen von anderen Jungs um mich herum ab.

»Clemens!«, ruft plötzlich eine mir bekannte Stimme im Oberlehrerinnen-Tonfall. Es ist meine Tochter, die mich offenbar nicht als ihren Vater outen will. Sie sieht mich vorwurfsvoll an, ist schockiert von meiner Tanzeinlage: »Papa, du bist wirklich so peinlich! Peinlicher geht's nicht! Hör auf damit, was auch immer du da tust! Ich will dich in unserer Nähe nicht mehr sehen! Wir treffen uns nach dem Konzert beim Auto – und jetzt hau hier ab!«

Geknickt schleiche ich in die hinterste Ecke des Konzertgeländes. Ich fühle mich offiziell alt und peinlich. So als wäre ich der kleine, dicke Junge, der früher im Sportunterricht immer als Letzter in die Völkerball-Mannschaft gewählt wurde. Dabei habe ich es doch nur gut gemeint. Ratlos schaue ich der Menge beim Amüsieren zu. Gerade überlege ich, wie undankbar meine Tochter und wie groß offenbar der Generationskonflikt ist, da fragt mich ein etwa 17-jähriger, ganz lässiger Typ: »Alter, haste mal Feuer?!« Ich zünde ihm seine Zigarette an und zum Abschied sagt er anerkennend: »Geile Schuhe! Die sind von Adidas, richtig? Wollt ich mir morgen auch kaufen!«

In dem Moment kommen Valerie und ihre Freundinnen und sehen mich schon wieder entgeistert an. Was hab ich denn nun falsch gemacht? Valerie: »Papa, was wollte denn der Paul von dir? Du weißt doch, das ist der supercoole Typ, von dem ich dir erzählt hab. Der aus unserer Nachbarschule!« Plötzlich fühle ich mich gar nicht mehr so hinterwäldlerisch-alt, sondern wie der Schönheitskönig auf dem Abschlussball. »Ach der«, sage ich betont unaufgeregt, »der wollte Klamotten-Tipps von mir haben.«

VALERIES WAHRHEIT

Ja, ja, ich weiß: Seine Eltern kann man sich nicht aussuchen – diese Erkenntnis ist besonders hart, wenn man 14 ist, keinen Führerschein besitzt und nirgendwo ohne Anstandswauwau reindarf. Aber Papa, ein paar Dinge musst du bitte endlich mal checken: Seine Jeans krempelt man sich nicht hoch, das ist verdammt uncool und deshalb bist du auch der Einzige auf dem Planeten, der das noch tut. Das machen nicht mal die schlimmsten Mathe-Nerds. Allein das sollte dir doch zu denken geben. In Mathe warst du eh immer schlecht (danke übrigens für diese Gene!). Und by the way: Es ist ja echt toll, dass du Bands wie Mika und Fettes Brot kennst – wow, hurra, Glückwunsch! Die kennt aber jeder Vollidiot. Außerdem gibt dir das noch lange nicht die Erlaubnis, zu der Musik von denen rumzuzappeln. Wieso geht das nicht in deinen Schädel rein, dass du einfach nicht, äh, wie nennst du das, was du da genau machst, ach ja: »tanzen« sollst?! Nie!! Und erst recht nicht, wenn ich mich mit meinen Mädels auch nur im Abstand von fünf Kilometern in deiner Nähe befinde. Dafür bist du zu alt, sorry. Wenn du mit deinen Freunden abends weggehst, trinkt ihr doch auch viel lieber Bier oder spielt Backgammon. Da tanzt niemand zu Fettes Brot, weil es nur fett zum Fremdschämen wäre.

2. KAPITEL

WAKE-UP CALL

Freitagabend, endlich Feierabend. Gegen 21 Uhr sitzen meine Verlobte Alexa und ich gemütlich bei einem Glas Wein in unserer Küche und diskutieren, welche DVD wir gleich anschauen. Ich bin wie immer für alles ohne Hugh Grant, dafür mit viel Peng-Peng – Alexa sieht das deutlich anders. Plötzlich klingelt das Telefon. Eine tiefe Männerstimme fragt: »Kennen Sie eine Valerie Hagen?« Ich komme mir vor wie im falschen Film und sage verdutzt: »Ja klar, das ist meine Tochter! Warum?« Der Anrufer: »Wo wohnt die denn? Und vor allem: Wie alt ist sie?« In meinem Kopf rattert es. Wer ist der Typ? Warum stellt er mir diese seltsamen Fragen?

Im Hintergrund sind wahnsinnig laute Musik und aufgeregtes Stimmengewirr zu hören. Ich erinnere mich, dass mir meine Tochter vorgestern erzählt hat, dass sie heute zum allerersten Mal in ihrem Leben in eine Disco gehen will. Genauer: In einen Teenie-Club, in den man angeblich schon mit 14 Jahren reinkommt und von dem ich noch nie etwas gehört habe. Doch wer ist der Typ? Ich denke gleich an das Schlimmste: K.-o.-Tropfen. Polizeikontrolle. Drogenrazzia. Oder will der Kerl, was noch grauenhafter wäre, meine Tochter abschleppen? Total nervös steigt mir das Blut in den Kopf, vor Sorge werfe ich mein Weinglas um. »Hallo?«, fragt die Männerstimme ungeduldig. Ich hüstele, bin aufgeregter als bei meiner mündlichen Abiturprüfung und antworte wahrheitsgemäß, dass meine Tochter bei ihrer Mutter in Neuhausen wohnt. Bei ihrem Alter flunkere ich allerdings sicherheitshalber: »Sie ist 1993 geboren.« Damit mache ich Valerie glatte zwei Jahre älter, als sie wirklich ist – und mich wahrscheinlich strafbar.

Der Mann am anderen Ende des Handys sagt: »Alles klar, ich bin Hakan, der Türsteher vom Kandela-Club. Sie müssen verstehen, dass ich nachfragen muss. Denn Ihre Tochter hat erzählt, dass sie ihren Ausweis nicht dabeihat – aber schon 16 ist. Wir haben aber sehr viele 14-Jährige, die sich hier auch reinschmuggeln wollen. Deshalb wollte ich auf Nummer sicher gehen. Schönen

Abend noch!« Als er aufgelegt hat, pocht mein Herz ganz wild und ich wische mir ein paar Schweißperlen von der Stirn. Habe ich richtig gehandelt? Bin ich ein guter Vater oder ein schlechter? Was ist, wenn ausgerechnet heute Nacht die Polizei dort wirklich noch eine Razzia durchführt? Werden im Kandela Drogen verkauft? Und wie sind die Jungs dort drauf?

Valerie schickt mir Minuten später eine SMS: »Dankeee, Papa! :)« Ich selbst kann jetzt aber nicht so smilen, weil ich mir schlagartig schlimme Sorgen und Vorwürfe mache. Keine gute Kombi für einen entspannten Feierabend. Da ich mich schon mit einem Bein im Gefängnis wähne, berate ich mich mit Alexa, ob wir Valerie nicht besser sofort abholen sollen. »Wenn du das machst, Clemens«, sagt sie, »wird Valerie drei Jahre lang nicht mehr mit dir reden. Es ist das erste Mal, dass sie weggeht. Gewöhn dich besser schon mal dran. Sie ist doch ein toughes Mädel!«

Klar ist sie tough. Aber das kann man auch vom Münchner Nachtleben sagen. Ich bin überfordert. Was tut man, wenn man nicht weiterweiß? Erst mal googeln. Ich checke im Internet, wie lange heutzutage eigentlich Teenies mit 14 weggehen dürfen. Ich selber kann mich an diese Zeit nur noch rudimentär erinnern. Ich weiß lediglich noch, dass es in den Siebzigern im Nachtleben sehr viel entspannter zuging. Mir ist nichts Schlimmes passiert, ich bin überall reingekommen und ein Türsteher hat meine Eltern nie anrufen müssen. Gut, es gab noch keine Handys, aber auch keine Probleme. Google liefert mir die Antwort auf die wichtigste Frage – Valerie darf bis um 22 Uhr draußen unterwegs sein. Genau in dieser Sekunde ploppt die nächste SMS von meiner Tochter auf: »Ist es okay, wenn ich bei euch übernachte? Nehme die U-Bahn um 0.15 Uhr! Bussi!«

Vor meinem inneren Auge läuft nun der ganz persönliche Teenie-Horror-Film ab. Titel: »Valerie allein – und nicht daheim«. Schon bei der Vorstellung, was meinem kleinen Töchterchen alles passieren könnte, bekomme ich Gänsehaut. Ich schreibe ihr per

SMS: »Du bist um 22 Uhr bei uns. Punkt!« Dann geschieht erst mal nichts. Jede Minute, in der mir meine Tochter nicht antwortet, kommt mir wie eine Stunde vor. Dann endlich die Antwort: »Mensch, Papa, alle dürfen bis Mitternacht weg!!! Bitte!« Valerie ist in ihrem Freundinnen-Kreis die Jüngste, weil sie damals unbedingt mit fünf Jahren eingeschult werden wollte. Jetzt will sie mit 14 bis Mitternacht feiern. Toll, denke ich. Da ich aber auch in Zukunft noch eine Tochter haben möchte, die mich liebt, erlaube ich ihr nach langem Hadern das lange Weggehen. Allerdings bestehe ich per SMS darauf, sie um Punkt Mitternacht vor dem Club abzuholen. Valerie freut sich, betont jedoch, dass ich auf keinen Fall direkt vor dem Eingang warten soll.

Knapp drei Stunden und viel Beruhigungstee später setzen Alexa und ich uns ins Auto und düsen Richtung Kandela. Vor dem Club stehen massenweise Teenies, die alle seltsam-bunte Alcopop-Flaschen in der Hand halten und keinen ganz nüchternen Eindruck mehr machen. Als wir aussteigen, wird uns zur Begrüßung von einem sehr pickligen Jungen mit Baseball-Kappe vor die Füße gekotzt. Überraschenderweise müssen wir nur eine Viertelstunde auf Valerie warten. Zwei Jungs begleiten sie aus dem Laden, die sie aber recht schnell wegschickt. Valerie begrüßt uns und ich bin überrascht – meine Tochter muss über Nacht einen Wachstumsschub gehabt haben. Sie trägt irre hohe Stöckelschuhe und einen sehr kurzen Minirock. Ihr Gesicht habe ich noch nie so stark geschminkt gesehen. Ansonsten macht sie zum Glück einen relativ nüchternen Eindruck. Auf dem Weg zum Auto frage ich sie, was sie getrunken hat. Valerie: »Och, nur zwei Desperados. Ach, und später hat uns der reiche Flo noch auf Rosé-Champagner eingeladen. Zum Schluss noch einen Long Island Ice Tea, der schmeckt echt ganz lecker.«

»Long Island Ice Tea?«, frage ich überrascht. »Das ist doch einer der stärksten Cocktails der Welt!« Valerie grinst mich an, ist sich keiner Schuld bewusst und sagt keck: »Keine Sorge, Papa, mir geht's glänzend.« In dem Moment wird wild gehupt und eine Teenie-Menge saust an uns vorbei. An der Straße hat ein Bus gehalten. Ein alter amerikanischer Schulbus, der jetzt mit Bildung nicht mehr viel zu tun hat, aber stattdessen knallbunt beleuchtet ist. »Das ist der Wodka-Bus«, erklärt Valerie. Der Wodka-Bus? »Die verteilen da an uns immer Wodka. So als Werbung.« Tatsächlich: Zwei Männer werfen den hüpfenden Teenies kleine Wodka-Flaschen zu. Sogar Valerie fängt eine Flasche. »Die trinke ich beim nächsten Mal beim Weggehen«, so Valerie fröhlich. Okay, denke ich, die Limonaden-Zeit ist wohl endgültig vorbei.

VALERIES WAHRHEIT

Ein einziger Cocktail – oooh Gott, wie schrecklich. Breaking News: Eine Jugendliche trinkt beim Weggehen ein alkoholisches Getränk. Was für eine Sensation. Ich mein: Geht's noch?! Papa, ich bin kein Baby mehr. Willst du mir erzählen, dass ich bei meinem ersten Mal in einem Club (toll, dass ich auch endlich mal ins Kandela durfte, während alle schon mit 13 dort waren) Pfefferminztee statt Long Island Ice Tea trinken soll? Das machst du doch auch nie. Wann hast du denn das letzte Mal Apfelschorle am Abend getrunken? Siehste. Außerdem warst du, als du vor einer Ewigkeit jung warst, viel schlimmer als ich (was du seltsamerweise bei meiner Erziehung dauernd ausblendest). Du hast dein erstes Bier mit zwölf getrunken, wie du mir mal stolz erzählt hast. Mit zwölf habe ich Cola getrunken – danke übrigens, dass du mir das damals zumindest erlaubt hast, obwohl da ja so wahnsinnig viel Koffein drin ist. Ich bin die Flatrate-Generation, da kannste froh sein, wenn ich mal ein paar Gläser trinke und nicht gleich den Wodka-Bus weg-exe.

3. KAPITEL

SCHWANGER-
SCHOCK

Die Sonne brennt auf unseren Balkon, Alexa und ich tun etwas für unseren Teint und sind guter Dinge. Für den Abend hat sich Valerie angekündigt. Da meine Tochter das Grillen liebt, haben wir bereits den Metzger unseres Vertrauens aufgesucht. In der Küche warten Lammkoteletts, scharf marinierte Hühnerbrüste, Würschtel und saftige Entrecotes auf uns.

Als es bei uns an der Tür klingelt und Valerie in den wohl kürzesten Jeans-Hotpants die Wohnung betritt, habe ich den Grill schon in Gang gesetzt. Wir begrüßen einander, Bussi links, Bussi rechts. Danach stelle ich meine tägliche Standardfrage: »Na, Kleine, wie läuft's denn so in der Schule?« Valeries Standardantwort: »Och, Papa, nichts Besonderes los.« Ihre Worte lassen mich immer wieder mittlere und größere Katastrophen befürchten. Ich hake nach: »Flunkere mich nicht an, du musst doch längst die Physik-Kurzarbeit zurückbekommen haben, oder?« Valerie druckst herum, gibt schließlich zu: »Ich habe eine Fünf. Aber nicht böse sein, Papa, die Arbeit war wirklich sauschwer. Alle haben Fünfer – nur Steffi hat 'ne Zwei, aber die darf ja auch nie weggehen.« Ich antworte: »Uff! Also bringt der neue Nachhilfelehrer, den wir für dich organisiert haben, auch nichts.«

Valerie ist geknickt. Sie wäre, so hoffe ich zumindest, gerne besser in der Schule. Dummerweise hat sie, was Naturwissenschaften betrifft, die Gene ihres Vaters geerbt. Um sie wieder ein bisschen aufzuheitern, beschließe ich, das Thema zu wechseln. »Sag mal, wie geht's denn deinen Mädels? Was treiben die Sophie, die Steffi und die Melli immer so?« Valerie schluckt: »Ich muss euch eine krasse Geschichte von der Melli erzählen. Die ist doch jetzt mit dem Max zusammen.« – »Wie schön«, sagt Alexa. »Hat das endlich mit denen geklappt – dank deiner Kuppelversuche?« Valerie entgegnet: »Na ja, schon, aber nicht so, wie ich das wollte …« Nervös druckst sie herum. Melli, die rothaarig ist und für ihre 15 Jahre schon mehr als selbstbewusst, ist zwar ein aufgewecktes Mädel. Doch zu meiner Besorgnis auch Vorbild für viele der anderen Freundinnen.

Sie hat schon mal geraucht, soweit ich weiß, sogar einen Joint, und lässt es auch sonst auf Partys gerne krachen.

Alexa fragt: »Die beiden hatten Sex, oder?« Valerie nickt verschämt. Es scheint ihr peinlich zu sein, darüber zu reden. Also gehe ich mal lieber zum Grill und widme mich den Lammkoteletts. Als Mann denken Frauen und Töchter ja sowieso oft und gerne von einem, dass man nicht multitaskingfähig ist. Sprich: Wenn ich am Grill brutzele, kann ich gleichzeitig gar nicht zuhören. Von wegen! »Haben sie ein Kondom benutzt?«, fragt Alexa. Valerie bejaht. »Na, das ist doch schon mal super«, meint Alexa. »Die Pille auch?« Kopfschütteln. Ich bin entsetzt und muss mich in den Sex-Talk einschalten: »Die hatten das erste Mal Sex – und haben dabei nicht richtig verhütet? Gab's bei euch denn keinen Aufklärungsunterricht in der Schule? In was für einer Welt lebt ihr? Ein Kondom kann auch mal platzen!« Valerie kleinlaut: »Genau das ist ja auch passiert.«

»So eine Scheiße!«, sagen Alexa und ich unisono. »Genau«, meint Valerie. »Melli wollte halt spontan auf der einen Homeparty mit ihm schlafen, damit sie zusammenkommen. Klar war das doof. Sie hätte sich vorher die Pille verschreiben lassen, aber das hat sie irgendwie verplant.« Da fällt mir ein, dass in der Clique meiner Tochter Max den Spitznamen »der Knutscher« hat und eigentlich dafür bekannt ist, seine Freundinnen sehr häufig zu wechseln. Valerie erzählte mal ganz stolz, dass sie die Einzige sei, die noch nicht mit ihm rumgemacht hat.

»Und wie ist die Geschichte ausgegangen?«, möchte Alexa wissen. »Die Melli ist doch nicht etwa schwanger?« Valerie: »Na ja, zuerst war sie es schon. Sie hat ihre Tage nicht bekommen und dann so einen Schwangerschaftstest aus der Apotheke gemacht. Der war positiv. Wir haben alle mitgefiebert – und waren echt geschockt vom Ergebnis. Als sie es dann ihrer Mutter gebeichtet hat, ist die mit Melli zum Arzt gerannt. Da war der Test dann zum Glück negativ. Aber Melli hat jetzt ganze sechs Wochen Hausarrest. Hart bescheuert!« Ich spüre, wie meiner Tochter – selbst ja eigentlich nur passiv betroffen – der Sex-Schock von Melli in die Glieder gefahren ist. »Und«, frage ich, »wie hat sich Max in der Situation verhalten?« Valerie: »Der Max ist so sehr in die Melli verknallt, der wollte sie sogar heiraten und mit ihr eine Familie gründen, wenn sie wirklich schwanger gewesen wäre.«

Max ist zwar schon 17 und hat einen recht ordentlich bezahlten Job bei einer großen Münchner Autofirma, aber mit 17 zu heiraten, halte ich für eine ausgemachte Schnapsidee. Ich frage Valerie, wie sie das sieht. »Papa, ich hab noch nicht mal einen Freund! Du glaubst doch nicht im Ernst, dass ich jetzt schon Kinder haben will. Außerdem würde ich immer verhüten. Wirklich.«

Einigermaßen beruhigt, hole ich mir ein Lammkotelett vom Grill, muss aber feststellen, dass es völlig verbrannt ist. »Valerie«, sage ich, »wenn du deinen ersten echten Freund hast, musst du mir versprechen, dass wir über das Thema Verhütung reden. Du kannst das auch gerne mit Alexa tun, wenn's dir mit mir zu unangenehm ist.« – »Ja, versprochen«, antwortet Valerie genervt, »mach dir da keinen Kopf. Bis ich einen Freund habe, ist das eh noch eine Ewigkeit hin.« Valerie seufzt traurig.

Alexa versucht, sie aufzumuntern: »Aber du kennst doch jetzt viele coole Jungs, ist da kein toller dabei?« – »Nö …«, meint Valerie und überlegt sehr lange. »Obwohl, den T., diesen Skater, den mag ich schon besonders gern. Der hat sogar mehr Muskeln als du, Papa.« Ich spanne meine Oberarme zur Belustigung meiner Tochter an: »Ich war früher auch Skater! Also bitte. Die Muskeln muss er mir erst mal zeigen. Aber wer ist denn dieser T. überhaupt – hat der keinen richtigen Namen?« Wir erfahren, dass T. im echten Leben Tyron heißt, dunkle Locken trägt und schon drei Sponsoren-Verträge hat. »Aber da läuft nichts«, versichert Valerie beinahe ein bisschen traurig.

Vor meinem geistigen Auge sehe ich schon meine Tochter, wie sie mit 15 einen Zwillings-Kinderwagen durch die Stadt schiebt.

VALERIES WAHRHEIT

»Wir müssen darüber reden« – Mann, Papa, du bist ja schlimmer als jede Frau. Das böse, böse V-Thema. Wie schrecklich: Plötzlich wollen alle mit mir nur noch über Verhütung reden. Als gäbe es nichts Spannenderes auf der Welt. Falls du es nicht mehr weißt: Ich wurde schon in der zweiten Klasse aufgeklärt – mit so Puzzle-Stücken. Als ich dir danach davon erzählte, war es dir voll unangenehm und peinlich. Und jetzt komm mir nicht wieder mit deiner idiotischen Bienen-Story. Ich hab's schon kapiert, wie das läuft. Deswegen brauchst du mich nicht die ganze Zeit damit zu stressen. Du willst doch immer wissen, wie es meinen Mädels so geht. Und kaum erzähle ich dann mal eine etwas krassere Geschichte, glaubst du, dass mir das auch sofort passieren muss. Oh, die Melli hat mal an einem Joint gezogen, schon siehst du mich als Drogen-Dealerin. Oh, die Melli war fast schwanger – da bin ich in deinen Augen gleich zehnfache Mutter. Was für ein Käse. Führ dich nicht schlimmer auf als Dr. Sommer. Zu deiner Info: Ich fand die »Bravo« noch nie so ultraspannend, ich hab früher immer lieber »Wendy« gelesen.

4. KAPITEL

WURSCHTI

»Die Fleischeslust muss sie von mir vererbt bekommen haben –
anders als die Kochlust.«

Eigentlich mag ich Supermärkte überhaupt nicht. Die Schlangen, die engen Gänge, die vielen immer gleichen Produkte – am liebsten spare ich mir jeden Besuch. Das Problem dabei ist nur, dass ich ja hin und wieder schon ganz gerne was esse. Und Alexa, geschweige denn meine Tochter, kann all den Kram, den wir für ein gemeinsames Wochenende brauchen, nicht alleine tragen. Erschwerend – im wahrsten Sinne – kommt neuerdings hinzu, dass Valerie das Kochen für sich entdeckt hat. »Immer nur Toast und Tiefkühlpizza ist doch langweilig!«, kommentiert sie ihr neues Hobby. »Außerdem habe ich im Fernsehen gesehen, dass eine ausgewogene Ernährung wichtig ist. Schließlich bin ich die Kleinste von meinen Freundinnen und will noch unbedingt wachsen.« Mindestens sieben volle Einkaufstüten sind nun meine ständigen Begleiter.

Valerie isst besonders gern Hühnchen mit Reis, selbst gemachte Burger und Hotdogs, Schweinebraten (an den wir uns aber noch nicht gewagt haben) und Steak mit Bratkartoffeln. Die Fleischeslust muss sie von mir vererbt bekommen haben – anders als die Kochlust. Unsere Küche sieht seitdem wie ein halb professionelles TV-Koch-Studio aus. So viele Gewürze, Zutaten, Schnickschnack hatten wir davor nie daheim. Selbst Alfons Schuhbeck wäre neidisch. Meine Verlobte und ich sind das Publikum, Valerie wirbelt am Herd wie eine kleine Sterneköchin herum und ignoriert alle Tipps, die wir ihr geben. »Ich weiß, was ich hier tue!«

Das klassische Lebensmittel-Shopping schaut bei uns also so aus: Auf den letzten Drücker gehen wir am Freitagabend zum Supermarkt um die Ecke, gerade dann, wenn eigentlich schon fast alles weg ist. Valerie hat genaue Vorstellungen, was die Menüfolge betrifft. Alexa staunt und ich trage.

Als wir dann endlich mit gefühlten 50 Kilo Lebensmitteln an der Kasse stehen, blättert Valerie noch in einem ihrer geliebten Lifestyle-und-Promi-Magazine. Wir sind die letzten Kunden und nun tatsächlich dran, da rufe ich nach meiner Tochter, damit sie beim Einpacken hilft. »Valeriiiieeee!« Keine Reaktion. Hochkonzentriert, wie sie es besser mal in der Schule sein sollte, starrt sie in die Zeitschrift. Wieder rufe ich: »Valerie, komm endlich!« Wieder keine Reaktion. Alexa und ich gucken uns halb belustigt, halb ungläubig in die Augen. Das darf nicht wahr sein! Bevor mein Kind hier noch eingesperrt wird, schreie ich jetzt »Wurschti« durch den Supermarkt. Alle Kunden und Kassierer drehen sich überrascht zu uns um und sogar meine Tochter reagiert endlich. Wütend stapft sie auf mich zu und fragt irritiert: »Papa, wie hast du mich gerade genannt?« Ich lache und sage noch mal: »Wurschti! Auf deinen richtigen Namen hörst du ja nicht mehr!«

Wurschti alias meine Tochter schnaubt vor Wut und betont: »Papa, nenn mich nie, nie wieder so! Das ist megapeinlich. Schau ich etwa wie eine Wurst aus? Danke, sehr freundlich! Ich bin doch gar nicht dick!« Natürlich ist sie das nicht, im Gegenteil: Meine Tochter ist die schönste Tochter der Welt. Und das sage ich jetzt nicht, weil ich ihr Vater bin. Obwohl sie mehr am Tag isst als ich in einer Woche, hat sie kein Gramm zu viel auf den Rippen. »Wurschti«, antworte ich, »das klingt einfach total süß. Und vor allem passt es perfekt zu dir, so verwurschtelt und verplant, wie du dich gerade verhältst.«

Meine Tochter ist die nächsten zwei Stunden sauer, schmollt und beruhigt sich erst, als wir ein ordentliches Stück Steak mit Bacon und Pommes verdrückt haben. Richtig fröhlich ist sie dann wieder, nachdem sie eine komplette Tüte Gummibärchen und eine halbe Packung Salzstangen als Nachspeise gegessen hat. »Okay, Papa, mag ja sein, dass Wurschti doch ganz einmalig ist als Name. Warum hast du mich überhaupt Valerie genannt? Auf meiner Schule gibt es sieben Valeries. Echt kreativ von dir«, sagt sie frech.

Als uns Valerie, Pardon: Wurschti, am nächsten Tag wieder verlässt, hat sie uns noch einen kleinen Brief zum Abschied hinterlegt. Darin steht in ihrer geschwungenen Schrift: »War sooo schön mit euch! Vielen Dank für das leckere Essen. Bis übermorgen, Bussi vom Wurschti«. Als ich den Zettel mit den vielen Herzchen sehe, bin ich so gerührt und stolz auf meine spontane Spitznamen-Eingebung vom Vortag. Warum mir gerade Wurschti im Supermarkt in den Sinn kam und ich mein Kind umgetauft habe, wurde ich bis heute sicher über tausendmal gefragt. Fakt ist, dass sie immer mein Wurschti bleiben wird. Selbst in meinem Handy habe ich alle Freunde und Freundinnen von Valerie unter dem Nachnamen Wurschti eingespeichert. Das macht den Alltag für mich leichter, wenn ich nachts auf der Suche nach meiner Tochter bin und sie mal wieder nicht an ihr Handy geht. Vor diesem Problem werde ich in den nächsten Monaten und Jahren noch sehr oft stehen. Denn Wurschti klingt zwar süß und harmlos, aber der Name ist halt auch Programm – verwurschtelt ist Valerie noch sehr, sehr lange.

VALERIES WAHRHEIT

Den allerbescheuertsten Spitznamen habe natürlich ich abbekommen. Großartig! Es gibt mittlerweile sogar wirklich Menschen, die davon überzeugt sind, dass ich in Wahrheit so heiße. Gerade bei Jungs kommt das spitze an, Papa! Wurschti – klingt echt sexy und erwachsen. Wie fändest du es denn, wenn ich dich dauernd »Alter Mann«, »Weißbier-Horst« oder »Volldepp-Papa« nennen würde? Selbst bei »Vati« drehst du ja schon durch, weil es so spießig und doof klingt. Ich darf dich ja nicht mal im Scherz »Clemi« nennen. Also Papa – ich halte mich an deinen richtigen Namen – lass das mit dem depperten Wurschti. Ich weiß, du verteilst irre gerne seltsame Spitznamen, auch deine Freunde heißen alle so komisch (»Der Anti«, »Der Strong«, »Das Kotzbröckchen«, »Die Ente« und »Die Ananas«). Du hast mich auf den Namen Valerie getauft, dabei wirst du dir ja ausnahmsweise hoffentlich was gedacht haben, oder? Mich hat keiner gefragt, wie ich gerne heißen würde. Jetzt finde ich Valerie ganz okay, dann nenn mich gefälligst auch so, Opa!

Krass, schmeckt der gut«, sagt Valerie und beißt genüsslich in das dritte Stück Apfelkuchen. Ich sitze mit meiner Tochter in einem netten Café – und wir unterhalten uns noch netter. Plaudern über Gott, die Welt – und Jungs! Innerhalb von zwei Minuten, in denen sie über ihr Teenie-Leben spricht, tauchen plötzlich ziemlich viele Jungsnamen auf, die ich davor noch nie gehört habe. »Also, der Paul, der von dir die Klamotten-Tipps auf dem Konzert haben wollte, der schaut echt gut aus und ist für sein Alter ganz schön groß. Findest du nicht? Noch hübscher ist in meinen Augen nur der T.«, sprudelt es aus Valerie heraus. T.? Ich verstehe nur Bahnhof. »Wer ist noch mal T.?« Valerie lacht. »Mensch, Papa, das ist der Tyron. Hab ich doch erzählt beim Grillen. Der coole Skater.« Aha. »Woher kennst du die Jungs denn?«, frage ich und versuche, dabei nicht allzu neugierig rüberzukommen. Valerie wirkt leicht aufgedreht, als sie erstmals so ausführlich über ihre neuen männlichen Bekanntschaften berichtet.

Sie erklärt mir stolz: »Die Jungs habe ich bei Mäggi, also in deiner alten Sprache McDonald's, kennengelernt. Die sind wirklich total nett.« – »Haben sie dich angesprochen?«, frage ich. »Nein, die standen an der Kasse vor mir und sahen gut aus. Also habe ich sie angesprochen«, erwidert Valerie. Das »ich« betont sie dabei auffällig. »Du sprichst wildfremde Jungs an?« Ich bin schockiert, beiße zur Beruhigung in meinen Double-Chocolate-Muffin.

»Du musstest mich ja unbedingt auf eine Mädchenschule schicken«, so Valerie mit vorwurfsvollem Unterton. »Das ist auf Dauer echt uncool! Wieso warst du so gemein zu mir?! Kein Wunder, dass ich selbst Jungs ansprechen muss. Ich will ja nicht ewig nur mit Sophie, Steffi und Melli rumhängen müssen.« Jetzt tauchen also erstmals Jungs auf. »Die gehen auf unsere Nachbarschule«, erklärt Valerie. »Dort, wo Mädels und Jungs sind, wo es tausendmal spannender ist …« Ich mache mir Vorwürfe. Eigentlich wollte ich Valerie nur auf die Mädchenschule schicken, weil es dort ruhiger zugeht, nicht alle Wände mit Graffiti vollgesprüht sind und sie einen besonders guten Ruf hat. »Deine Mädchenschule war nicht als Strafe gedacht«, erkläre ich. »Ich hab mir extra viele Schulen angeschaut und die hat den besten Eindruck auf mich gemacht.« Valerie will das nicht verstehen: »Ach, Papa, gib's halt einfach zu – du wolltest mich vor den Jungs wegsperren.« – »Nein«, beharre ich, »die Schule gilt auch als recht einfach und das kommt dir später sicher zugute. Offenbar schaffst du es ja auch so, Jungs kennenzulernen.«

Valerie grinst mich siegessicher an. »Und ob, durch Paul und T. kenne ich jetzt die ganze Clique von denen. Das sind alles superlustige Typen. Max und Basti treffe ich fast jeden Tag nach der Schule und dann hartzen wir so rum. Am Freitag macht der Paul übrigens eine Homeparty. Die Mama ist ja eh an dem Wochenende weg. Da darf ich schon hin, bitte! Oder? Die sind wirklich alle sehr gut erzogen und total cool.« Wie zum Beweis zeigt sie mir auf ihrem Handy Fotos von den Jungs. Tatsächlich: Lauter Skater, die sich mit weiten Hosen und verwuschelten Haaren in coolen Posen haben fotografieren lassen. »Bist du in einen von denen verliebt?«, frage ich Doktor-Sommer-mäßig. »Überhaupt nicht. Das sind alles nur gute Freunde!« – »Auch nicht in den T., also so ein kleines bisschen?«, hake ich nach. Valerie verdreht die Augen. »Das ist ein wirklich guter Freund. Mehr nicht«, sagt sie. Natürlich vertraue ich meiner Tochter und erlaube ihr, auf die Party zu gehen. Eine Hausparty ist mir viel lieber, als wieder von einem Türsteher angerufen zu werden und meine Tochter in einem Club mit wildfremden Jungs zu wähnen.

Ein großer Fehler. Am Sonntag ruft mich ihre Mutter an und fragt, warum ich Valerie die Homeparty erlaubt habe. Die war nämlich keineswegs bei Paul, sondern bei Valerie selbst daheim. Dementsprechend sieht es dort nun auch aus. Wütend reicht sie den Hörer weiter an Valerie, die mir kleinlaut beichtet: »Papa, ich wusste echt nicht, dass die Jungs so viel trinken. Irgendwie ist der Kühlschrank jetzt kaputt – und der Herd auch. Dabei haben wir gar nicht gekocht. Auf dem Boden sind unzählige Brandlöcher und der Opferraum sieht ziemlich übel aus.«

Der Opferraum? Valerie erklärt, dass das Wohnzimmer umfunktioniert wurde und dort alle stark betrunkenen und brechreizgefährdeten Partygäste zum Ausnüchtern hingelegt wurden. »Es waren aber nur fünf Opfer – alles Mädels. Drei davon waren Französinnen, so Austauschschülerinnen, weiß gar nicht mehr genau, wer die mitgebracht hat. Aber Französinnen vertragen ja wirklich gar nichts«, versucht Valerie, sich aus der Affäre zu ziehen. »Mit Nagellackentferner habe ich die Kotzspuren beseitigt. Eigentlich sieht man auch gar nichts mehr und der Geruch ist genauso verschwunden. Ich habe in meinem Leben noch nie so viel geputzt! Selbst die leeren Bierflaschen habe ich alle weggebracht – extra in einen Glas-Container. Für die Umwelt und den Klimaschutz, du weißt schon.«

Ich weiß nicht! Immer, wenn meine Tochter ein schlechtes Gewissen hat und nicht möchte, dass ich sie daran erinnere, hält sie einen langen Monolog. Dennoch schalte ich mich verbal ein: »Warum hast du mir denn nicht verraten, dass es um deine eigene Homeparty ging?« Stille auf der anderen Seite der Leitung. »Ich hatte Angst, dass du es Mama sagst, und die hätte es natürlich nie erlaubt. Aber glaub mir, du musst die Jungs ganz bald kennenlernen, die sind wirklich total nett.« Ich halte das für eine gute Idee, wenngleich ich die Teenie-Horde ja nicht sofort zu mir nach Hause einladen muss. Außerdem verrate ich Valerie zum Abschied ein Geheimnis, das mich – und vor allem meine Eltern – vor Schlimmerem in meiner Jugend bewahrt hat: »Kind, man kann ja auf eine Homeparty gehen, aber man macht keine eigenen Homepartys.«

VALERIES WAHRHEIT

Ach, Papa, tu doch nicht so scheinheilig! Du warst natürlich niiie in deinem Leben auf einer Homeparty, Pardon: Hausfete, wie das bei dir im Mittelalter bestimmt noch hieß. Laber keinen Quatsch. Jungs gehen immer auf Homepartys und zerstören alles. Keine Ahnung, was daran lustig sein soll und wer euch das irgendwann beigebracht hat. Du hast früher mal auf einer Party in einen Swimmingpool gepinkelt – weißt du nicht mehr? Hast du mir über tausendmal erzählt. Und das ist wirklich widerlich. Kotzen musstest du sicher auch irgendwann mal – und ob du da noch rechtzeitig den Weg aufs Klo geschafft hast, bezweifle ich sehr stark. Wahrscheinlich ist die Mädchenschule an allem schuld. Würden wir mit unseren Jungs in einem Klassenzimmer sitzen, wären die Partys nicht so krass. Denn da wir uns alle ja meistens nur auf Partys sehen, müssen wir dann gleich viel mehr nachholen. Alle wollen zeigen, wie cool sie sind und wie viel Alk sie vertragen (oder auch nicht). Dabei geht halt auch mal was kaputt. Na und? Chill! Ich hab nach dem Abend mehr geputzt als du in deinem ganzen Leben.

6. KAPITEL

„OMG"

»Sie schreibt nur noch in Kürzeln wie OMG (Oh my God), WTF (What the fuck), vlt (vielleicht), sry (sorry), iwie (irgendwie) und – besonders beliebt – <3 (Herzchen).«

Schon lange wünscht sich Valerie einen Blackberry, weil ein iPhone »alle haben«. In den vergangenen zwölf Monaten wurden ihr allerdings schon drei Handys gestohlen, beziehungsweise gaben sie auf unerklärliche Art und Weise den Geist auf. Ich bin prinzipiell gegen die Anschaffung eines Smartphones, weil ich befürchte, dass sie dann nur noch auf Facebook lebt. Aber ihre Mutter hat ihr eines Tages den Wunsch erfüllt. Jetzt ist das eingetreten, was ich befürchtet habe – nur viel, viel schlimmer. Valerie und ihr Blackberry sind unzertrennlich. In kürzester Zeit hat sie es auf 1500 Freunde bei Facebook gebracht, wie mir Alexa mitteilt. Ich bin weder auf Facebook, noch kenne ich 1500 Menschen, die ich als »Freunde« bezeichnen würde. Was für ein grauenhafter Freizeitstress! Aber Valerie liebt Facebook – selbst wenn sie bei uns ist, legt sie den Blackberry neuerdings nie aus der Hand. Dauernd piept oder blinkt irgendwas. Schon vom Zuschauen kriege ich Ohren- und Augenschmerzen.

Das Facebook-Hobby könnte ich natürlich als Modeerscheinung abtun, die genauso schnell wieder vorbeigeht wie das Tragen von Jacken mit Schulterpolstern. Aber das wäre ein Fehler, wie mir der Film *Social Network* über den sagenhaft erfolgreichen Facebook-Erfinder Mark Zuckerberg drastisch klarmachte. Das Schlimmste an Valeries neuer Facebook-Sucht: Ihre Sprache hat sich total verändert! Sie schreibt nur noch in Kürzeln wie OMG (Oh my God), WTF (What the fuck), vlt (vielleicht), sry (sorry), iwie (irgendwie) und – besonders beliebt – <3 (Herzchen). Wenn mir Valerie, was selten vorkommt, zeigt, wie sie mit ihren Freundinnen auf Facebook chattet, verstehe ich nur Bahnhof.

Besonders peinlich: Kürzlich antworte ich auf eine lustige SMS von ihr mit LOL (Laughing out loud). Sekunden nachdem Valerie meine SMS liest, ruft sie mich an. »Papa, du checkst echt gar nichts! Oh Gott, wir lachen uns hier gerade alle über deine SMS schlapp! Du meinst LOL tatsächlich auch noch ernst, oder?« Ich stehe vor einem Rätsel: Ich dachte, ich hätte gerade die modernste SMS meines Lebens verschickt. Stattdessen habe ich mich anscheinend – mal wieder – komplett zum Idioten gemacht. Schüchtern frage ich nach: »Was stimmt denn mit LOL nicht?« Valerie: »LOL hat seit mindestens zwei Jahren kein Mensch mehr geschrieben – außer dir! LOL ist so was von out! Wir verwenden es höchstens noch ironisch, also wenn etwas überhaupt nicht lustig ist. War aber ein netter Versuch, Papa.«

Gerade denke ich noch darüber nach, wie einfach meine handylose Jugend war, welche Vorteile es hatte, nicht überall und immer für alle Welt erreichbar zu sein. Da erteilt mir meine Tochter eine zweite Lektion in Sachen Teenie-Sprech: »Also, Papa, total out ist es auch, Smileys mit einem Strich in der Mitte zu machen, so als Nase, du weißt schon.« Gut zu wissen, denke ich und muss plötzlich schmunzeln. Mir wär's ja deutlich lieber, wenn mein Kind ein Buch lesen würde. Müsste ja nicht mal gleich Goethe oder Schiller sein, aber vielleicht so was wie *Harry Potter,* quasi als Start in eine Welt ohne Smiley und Abkürzungen, dafür mit Nebensätzen, korrekter Interpunktion und Rechtschreibung. Denn die ist leider genauso weit weg wie ein Buch auf Valeries Nachttisch.

Meine Tochter und ihre Freundinnen besuchen alle die neunte Klasse eines bayerischen Gymnasiums. Dennoch folgen sie ihrer ganz eigenen Rechtschreibreform, die von keinen übereifrigen Politikern durchgesetzt wurde. Melli schreibt »schauhen« statt »schauen«, Sophie schreibt »dier« statt »dir«, Steffi »Standart« statt »Standard« und Valerie ist felsenfest überzeugt davon, dass man »Wo seit ihr?« – eine ihrer häufigsten SMS-Fragen – tatsächlich so schreibt. Deshalb frage ich sie bei unserem nächsten Treffen, welches Buch sie gerade im Deutschunterricht durchnimmt. Valerie: »Gar keines! In der letzten Stunde haben wir uns einen Film angeschaut.« Ich denke *Schindlers Liste, Das Parfum* oder *Die Welle.* Aber falsch gedacht! Meine Tochter erzählt mir stolz: »Papa, der Film war total cool: *Rapunzel – frisch verfönt.*« – »Wie schön«, antworte ich und wundere mich, dass Valerie und ihre Mitschülerinnen in Deutsch nicht alle eine Sechs haben.

VALERIES WAHRHEIT

Versprochen: Irgendwann kriegste von mir einen Oscar als peinlichster Papa. LOL geht gar nicht mehr! Null! Not! Das schreiben wirklich nur noch offiziell steinalte Leute. Hier ein schnelles Update: Wenn du unbedingt jung sein willst, schreib FTW – for the win! Zum Beispiel: Jemand trinkt Cola mit Bier und will das auf FB, also Facebook, mitteilen, dann schreibt er dazu FTW, um deutlich zu machen, dass es besonders lustig ist. Es ist quasi das neue LOL. Checkst du das? Wahrscheinlich nicht. Also lass es. Mach auch keine Smileys und Herzchen hinter jede SMS. Ich hab schon mitbekommen, dass du mir beweisen willst, wie supermodern du bist. Aber vergiss es. Du hast ein iPhone, aber noch nicht mal WhatsApp, kennst »fräsen« nicht und glaubst, dass Robert Pattinson der Erfinder des Pettings ist. »Petting« sagt heut übrigens kein Schwein mehr. Wir gehen auch nicht miteinander – also wie bei dir damals. Wir gehen miteinander aus, verabreden uns über FB und reden eine Sprache, die du sowieso nie verstehen wirst. Lern lieber Chinesisch, damit tust du dich sicher leichter.

7. KAPITEL

FLUNKYBALL

Mein Gott, was habe ich früher viel Zeit auf Bolzplätzen verbracht. Bis mir klar wurde, dass ich zu langsam war und auch technisch zu schwach, träumte ich – wie wohl jeder Junge – von einer Karriere als Profi-Fußballer. Deshalb habe ich mich auch so gefreut, dass meine ansonsten eher unsportliche Tochter ein neues Hobby hat: Flunkyball! Ich denke: Wow, das ist sicher so ein neuer Trendsport aus Amerika! Ich stelle mir schon vor, wie Valerie mit einem spacigen Federballschläger oder einer quietschbunten Frisbeescheibe über das Spielfeld jagt. Da ich jedoch nicht als greiser Vollidiot dastehen will (welcher Vater will das schon?), frage ich, wie Flunkyball denn funktioniert. Da erklärt mir Valerie die Regeln ...

»Bei schönem Wetter treffen wir uns alle auf der FKK-Wiese im E-Garten« – so nennen Valerie und ihre Clique den Englischen Garten, Münchens größten Stadtpark. »Warum auf der FKK-Wiese?«, will ich wissen. »Ist das ein Nacktsport?« Valerie lacht: »Nein, Papa, keine Angst. Die FKK-Wiese heißt nur noch so, da läuft praktisch niemand mehr nackt rum.« Dann fährt sie mit den Regeln fort, als wäre sie Jogina Löw: »Zwei Teams stehen sich in einem gewissen Abstand gegenüber. Jeder Spieler hat eine volle Bierflasche in der Hand. Zwischen den Teams steht das Ziel, eine leere Bierflasche. Dann versucht je ein Spieler, die leere Bierflasche in der Mitte mit einem Schuh zu treffen und umzuwerfen. Schafft er das, darf die ganze Mannschaft zur Belohnung aus ihrer vollen Bierflasche trinken – so schnell und so viel wie möglich, bis die Gegner die leere Bierflasche in der Mitte wieder aufgestellt haben und an ihren Platz zurückgerannt sind. Gewonnen hat die Mannschaft, die zuerst alle ihre Bierflaschen ausgetrunken hat.«

Nach ihrem Crash-Unterricht in Sachen Flunkyball schaut mich Valerie erwartungsfroh an. Ich bin ziemlich baff. Ich dachte, dass Kinder nachmittags ihre Hausaufgaben machen und sich nicht für so ein komisches Bier-Spiel treffen. Zugegeben, ich habe früher auch mal Flaschendrehen gespielt, aber das war abends und nur am Wochenende. Dennoch habe ich das nie als Freizeitsport gesehen. »Wie oft spielt ihr das denn?«, frage ich. »Immer, wenn die Sonne scheint!«, erklärt sie. In der Sorge, dass mein Kind jeden Nachmittag betrunken durch den Englischen Garten torkelt, stelle ich die Frage, die ich besser nicht hätte stellen sollen: »Kann ich da mal zuschauen?«

Völlig entgeistert starrt mich Valerie an: »Um Himmels willen, nein! Eltern sind ausdrücklich ausgeladen!« Im selben Atemzug verrät sie noch, dass es schon vorgekommen sein soll, dass Spieler nach einem ausgedehnten Flunkyball-Nachmittag den Weg zur elterlichen Wohnung nur noch schwer gefunden haben. Abschließend teilt mir Valerie übrigens zu meiner großen Freude mit, dass sie bei den letzten drei Flunkyball-Runden gewonnen hat und die FKK-Wiese von ihren Freunden längst in Kotz-Wiese umbenannt wurde. Das würde aber nicht an ihr liegen.

Aus naheliegenden Gründen wäre es mir natürlich lieber, wenn Valerie einen »richtigen« Sport betreiben würde, Fuß-, Hand- oder Volleyball oder so etwas. Da könnte man am Spielfeldrand stehen, sie nach Siegen bejubeln und nach Niederlagen trösten. Das geht beim Flunkyball ja alles nicht. Sicher nicht? Am nächsten Tag will ich es wissen.

Es ist Samstag und die Sonne scheint. Von einem Freund, der – anders als ich – beim Bund war, leihe ich mir einen olivgrünen Tarnanzug aus. Alexa malt mir grünen Glitzer-Lidschatten ins Gesicht und bemalt meine Lippen mit braunem Lipgloss. In die Haare steckt sie mir zwei Straußenfedern vom letzten Oktoberfest. »So erkennt dich bestimmt niemand«, sagt sie schmunzelnd. Als ich mich im Spiegel sehe, weiß ich, dass sie recht hat. Denn ich erschrecke fürchterlich bei meinem Anblick. »Ich sehe aus wie eine Kampf-Transe!« Bewaffnet mit einem Fernglas, mache ich mich auf zum Tatort in den Englischen Garten. Drei Passanten, die mich wohl alle für einen Spanner aus Afghanistan oder zumindest für verrückt halten, frage ich nach dem Weg zur FKK-Wiese.

Ich schwitze in meinem Tarnanzug und habe schon Angst, dass meine Schminke im Gesicht verläuft. Dann komme ich endlich am Ziel an. Etliche Jugendliche stehen dort aufgereiht, wie es mir Valerie erklärt hat. Ich verstecke mich in sicherer Entfernung in einem Gebüsch und hole mein Fernglas raus. Immer wieder drehe ich mich paranoid nach allen Seiten um und fühle mich wie ein Teenie-Spion. Leider kenne ich mich in Pflanzenkunde nicht aus und habe mir ausgerechnet einen Brennnesselstrauch als Versteck gesucht. Meine Finger jucken und werden schon rot – da erspähe ich meine Tochter. Mein Herz pocht. Valerie ist an der Reihe und trifft unter großem Jubel die leere Bierflasche in der Mitte. Fast hätte ich vor lauter Stolz mitgejubelt, wie super meine Kleine getroffen hat. Die andere Mannschaft rennt jetzt los – Valerie trinkt los.

Viele weitere Runden gewinnt tatsächlich die Mannschaft von ihr und meine Tochter wird zur Spielerin des Tages gekürt. Ich bin ganz gerührt, vergesse daher für eine Sekunde die »Eltern unerwünscht«-Regel, komme aus meinem Versteck und applaudiere laut los. Dreißig Teenie-Augenpaare blicken mich entgeistert an, manche Mädels schreien auf, als sie mich sehen. Meine Aufmachung habe ich ganz vergessen. Mag sein, dass sich das Militär selten beim Flunkyball einmischt. Nur so ist es zu erklären, dass viele Jugendliche entsetzt wegrennen. Meine Tochter bleibt allerdings stehen. Stolz will ich sie umarmen und ihr zum Erfolg gratulieren. »Mein Mäuschen«, fange ich an, »du bist ja echt die Treffsicherste von allen …« Valerie mustert mich in meinem Tarnanzug von oben bis unten, sieht mein grün geschminktes Gesicht verwirrt an und fragt: »Papa, hast du jetzt komplett den Verstand verloren?«

VALERIES WAHRHEIT

Dein Pseudo-Soldaten-Auftritt war echt grandios daneben. Du bist ein Voll-Freak und offenbar komplett schmerzfrei, sonst würdest du dich in dem »Outfit« auch nicht jedem meiner Freunde zeigen. Wie fändest du es denn, wenn ich bei einem deiner Männerfußballabende als verkleideter Ball hinter dem Fernseher hervorspringen würde, nur um dich zu kontrollieren, ob du zu viel getrunken hast? Du würdest vor lauter Schock umfallen und wärst für immer traumatisiert. Schau dir weiter deinen ach so tollen FC Bayern an – und nicht FC Flunkyball. Da hast du nichts zu suchen, Papa. Rote Karte! Akzeptier das endlich! Offenbar solltest du auch mal zum Ohrenarzt gehen, denn ich hab dir das doch gesagt, dass Eltern ausdrücklich unerwünscht sind. Ich darf in keine 18er-Disco (seufz!) und muss mich da leider auch dran halten. Diese ständige Kontrolle von dir ist total schlimm. Ich brauch keinen Babysitter mehr. Erst recht keinen mit Glitzerschminke im Gesicht. Du betonst ständig, wie doof du die verkleideten Menschen an Fasching findest. Hallo, du warst der Fasching auf zwei Beinen! Für dein Kostüm hätten sie dich zwischen Köln und Düsseldorf überall ausgelacht.

8. KAPITEL

DER SKATERBOY

Alexa und Valerie sind jetzt schon auffallend lange im Badezimmer. Dabei wollen wir heute Abend doch gar nicht weggehen. Kein Grund, sich stundenlang aufzustylen. Also, was ist da los? Ich klopfe an die abgesperrte Badezimmertür und frage, ob alles in Ordnung ist. »Ja, ja«, höre ich die beiden rufen. Neugierig lehne ich meinen Kopf an die Tür, höre aber nur Gesprächsfetzen. »Du musst es ihm selber sagen«, meint Alexa. »Nee, du bitte!«, entgegnet Valerie. »Das ist dein Job.« Ich habe keine Ahnung, wovon die beiden reden. Eine Ewigkeit später kommen sie endlich in die Küche. »Was ist denn los?«, will ich wissen. Alexa schaut mich verschwörerisch an und erklärt: »Valerie will dir was sagen …«

Valerie setzt sich hin und trinkt einen kräftigen Schluck Apfelsaftschorle. »Also, Papa, du kennst doch den T., von dem ich ab und zu erzählt habe …« – »Jaaa?« – »Na ja, der T. ist jetzt mein Freund.« Zack! Dieser Satz trifft mich unvorbereitet. Ich hatte zwar gewusst, dass ich den Satz irgendwann zu hören bekommen würde, aber muss das gerade heute sein? Jetzt schon? Mit 14? Valerie und Alexa schauen mich gebannt an, warten auf eine Reaktion. Ich: »Aber das ist doch eine, äh, tolle Nachricht!« Valerie: »Wirklich?« – »Ja, klar«, sage ich und versuche, es so ehrlich wie möglich klingen zu lassen. »Du hast von dem T. doch oft geschwärmt. Ich habe mir das fast gedacht. Schön für euch!« Offenbar freut meine Tochter diese Antwort, denn ab sofort redet sie wie ein Wasserfall von Tyron, wie T. in Wahrheit ja heißt. Wie toll er skaten kann, wie toll er aussieht, wie toll seine Familie ist. »Du kennst seine Eltern schon?«, frage ich. »Ich weiß erst seit zehn Minuten, dass du einen Freund hast. Dann wird's aber höchste Zeit, dass du ihn uns auch mal präsentierst!«

Drei Tage später ist es so weit. Valerie und Tyron gehen auf eine Party am Isarufer ganz bei uns in der Nähe. Um Mitternacht wollen beide zu uns nach Hause kommen. Das Schöne an einem festen Freund ist ja auch, dass meine Tochter ab sofort nachts nicht mehr alleine unterwegs sein muss, sondern von einem starken, sport-lichen Begleiter beschützt wird. Erste Liebe und Bodyguard gleich inklusive.

Um nicht als Spießer oder Langweiler rüberzukommen, habe ich zuvor den Kühlschrank so prall gefüllt wie noch nie. Ich möchte, dass mich der Freund meiner Tochter auch halbwegs cool findet, deshalb haben wir jetzt alles im Angebot: Red Bull, mit und ohne Wodka, Helles, Dunkles, Weißbier, Bier mit Seltsam-Flavour wie grünem Tee und Ingwer, Cola, Spezi, Fanta, Bionade und selbst Mineralwasser mit Kohlensäure. Besser bestückt als jede durch-schnittliche Bar, warten wir auf das neue Teenie-Traumpaar. Um exakt 0 Uhr klingelt es. »Wow«, sage ich zu Alexa. »So pünktlich war Valerie noch nie. Scheint ja einen guten Einfluss zu haben, der Tyron!«

Die Tür geht auf und da steht er: Tyron alias T. alias der erste Freund meiner Tochter. Etwas schüchtern lächelt der 16-jährige Wuschelkopf Alexa und mich an. Er ist einen Kopf größer als Valerie, trägt Baggy-Jeans und ein graues T-Shirt. Valerie schaut ein bisschen ängstlich aus – wohl aus Sorge, dass ich mich wieder mal peinlich benehmen könnte. »Hey, Tyron«, sage ich mit fester Stimme, »schön, dich kennenzulernen! Kommt doch rein!«

Das Getränkeangebot überrascht vor allem meine Tochter, die ja weiß, wie leer unser Kühlschrank mitunter sein kann. Tyron scheint kurzzeitig überfordert mit der Situation, möchte zuerst ein stinknormales Glas Leitungswasser. Nach ein paar Schlucken öffne ich ihm ungefragt ein Bier und stelle es ihm vor die Nase. Valerie erzählt alle Details von der Party, ist total aufgedreht und lässt sogar ihren Blackberry links liegen. Als ich die beiden so happy nebeneinandersitzen sehe, fällt mir ein ganzer Steinbruch vom Herzen. Der erste Freund hätte ja auch der Chef der Hells Angels sein können …

Spontan beschließe ich, zur Feier des Tages noch einen Schampus zu öffnen. Als wir die Flasche zur Hälfte geleert haben, geschieht etwas Seltsames: Valerie entdeckt ein Flugzeug aus Legosteinen, das wir für unseren Rieseneinkauf im Supermarkt geschenkt bekommen haben. Von einer Sekunde auf die andere verstummt sie völlig, nestelt stattdessen an dem Kinderbausatz herum. Während Tyron uns Skater-Tricks wie »Ollie« und »Nollie« erklärt, die Marlboro lässig im Mundwinkel, befindet sich mein Kind nun vollends im Schweigemodus. Nach einem Ausflug in die Skater-Welt zeigt sich Tyron an Alexas und meinem Leben interessiert. Er fragt, was wir beruflich machen, wie wir zusammengekommen sind, und sagt, wie schön und besonders es ist, dass wir uns alle so prima patchworkmäßig mit Valerie verstehen. Die selbst schaltet sich sogar bei diesem Thema nicht ein, sitzt teilnahmslos daneben. Auch nach dem dritten »Was ist los mit dir?« sagt sie nur: »Nix, alles gut.«

Als Valerie mit ihrer ersten großen und sehr viel eloquenteren Liebe so gegen 2 Uhr auf die Wohnzimmer-Couch verschwindet, besprechen Alexa und ich den Abend – natürlich – noch nach. »Also«, frage ich, »wie findest du die beiden nun zusammen?« Alexa meint: »Die zwei sind schon ein süßes Paar. Aber was war mit Valerie los? Warum war sie am Ende so piepsig?« Ich antworte: »Vielleicht war es ihr zu viel Skater-Latein?« Ich habe plötzlich Angst, dass die erste Liebe vielleicht auch eine kurze sein könnte.

In dem Moment kommt Valerie in die Küche. Aufgebracht fragt sie, was sie gegen ihren Pickel am Kinn tun könnte. »Zahnpasta«, rät Alexa. »Ganz viel, dann ist er morgen weg!« Mit einem dicken weißen Punkt kommt sie Sekunden später wieder zu uns. »Und, Papa, wie findet ihr den T.?« Nach einem ehrlichen positiven Feedback überlege ich, ob meine Tochter nach dem Lego-Aussetzer überhaupt schon beziehungsreif ist, und sage in meinen Augen pädagogisch sinnvoll: »Kleine, du kannst auch gerne bei uns im Bett schlafen. Überstürz nichts mit Tyron und mach auch nichts, was du nicht willst.« Valerie reagiert genervt: »Nein, nein, ich will einfach nur schlafen.« Eine halbe Stunde später gehe ich an dem Teenie-Zimmer vorbei und bin beruhigt: Leises, friedliches Schnarchen ist zu hören. Und zum Glück nichts anderes. Trotzdem muss der Wink mit dem Zaunpfahl sein – ich sage Alexa, dass sie ihre Pillen-Packung bitte sehr demonstrativ neben Valeries Schminkbeutel legen soll.

VALERIES WAHRHEIT

Ich hatte ja wirklich Panik, dass dieser Abend zur Katastrophe wird. Du triffst auf T. (er wird übrigens »Te« ausgesprochen und nicht »T-Punkt«, ist ja kein Telekom-Laden) – da hatte ich mir schon das Allerschlimmste ausgemalt. Dein Outfit war zum Glück nicht ganz so pseudo-jugendlich, sondern halbwegs unpeinlich. Die hochgekrempelte Jeans haste dankenswerterweise auch im Schrank gelassen – obwohl sie eher in die Altkleidersammlung gehört. Na ja. Dafür warst du schon hart aufgeregt. Kannste ruhig mal zugeben, Papa! Ich hab das total gemerkt, wie du ihn gemustert hast und immer so betont lässig getan hast. Und dein plötzliches Super-Interesse am Skaten war mir schon sehr neu. Ich mein, davon hast du null Ahnung. Dann dein ganzes Experten-Gelaber, oh Mann. Klar werde ich da schlagartig müde. Du hast ihn wirklich voll gelöchert. Manche Dinge gehen dich überhaupt nix an, Papa. Da will ich dich mal sehen, wenn ich dir dauernd Fragen zu deinem Intimleben mit Alexa stellen würde. Als du sie mir erstmals vorgestellt hast, warst du hundertmal nervöser als ich an dem Abend. Du hast vor lauter Aufregung den O-Saft im Café umgeworfen und einen halben Berg Zucker in deinen Espresso geschüttet. Gegen dich waren T. und ich absolut stubenrein.

DIE PILLE
FÜR DEN VATER

Ich habe ein Problem: Meine Tochter hat jetzt ihren ersten Freund. Er ist 16, das war ich vor langer Zeit auch mal. Ich weiß, wie Jungs in diesem Alter ticken. Das macht mich nervös, zugegeben, aber ich kann meine Tochter auch auf das Thema »erster Freund – erster Sex« vorbereiten. Ich bin jetzt Chef der Soko »Die Pille für Valerie«. Da ich keine Mitarbeiter habe (und logischerweise auch keine eigenen Erfahrungen), kontaktiere ich meinen einzigen schweigenden Verbündeten: das Internet. Was ich da lese, macht mir Kummer. Nach stundenlanger Recherche zum Suchwort »Pille« weiß ich zwar alles über Viagra und Ecstasy, aber praktisch nichts über die Antibabypille.

In diversen Gesundheitsforen wird nur über unerwünschte Nebenwirkungen wie Depressionen, Gewichtszunahme, Akne diskutiert, die dieses oder jenes Produkt verursacht, aber schlauer werde ich dadurch auch nicht. Also frage ich Alexa, was sie zu dem Thema meint. »Schatz, ich nehme meine persönliche Traumpille seit gefühlten hundert Jahren. Sie macht nicht dick, eine tolle Gesichtshaut, ist aber sauteuer. Wenn ich heute noch mal 14 wäre, würde ich mich auf alle Fälle neu informieren. Das solltest du für Valerie besser auch tun.« – »Und wie soll ich das tun?«, frage ich ratlos. »Soll ich deine Pille an mir einen Monat lang ausprobieren?« Alexa: »Nein, da weiß ich was Besseres!«

Fünf Tage später sitze ich im Wartezimmer einer renommierten Münchner Frauenärztin – und fühle mich so deplatziert wie noch nie in meinem Leben. Um mich herum hochschwangere, stöhnende, ungeschminkte Frauen, teilweise mit völlig überforderten, schwitzenden Männern. Komischerweise tragen sie alle selbst gehäkelte Schuhe und pseudo-witzige T-Shirts, auf denen »Gib mir keine Donuts, ich bin nur schwanger« steht. Die einzige Alternative, die sich mir bietet: Schwangerschaftsliteratur, Anti-Menstruationsbeschwerden-Yoga-Ratgeber und Babyspielzeug. Ich verzichte dankend auf alles. Als die Arzthelferin endlich den Namen Valerie Hagen ruft und ich freudig aufstehe, blickt mich die

Kugelbauch-Fraktion an, als würde ich demnächst einen Alien zur Welt bringen. »Sie wollen sich vordrängeln, Unverschämtheit!«, ruft mir noch eine Frau böse hinterher.

Ich folge der Arzthelferin ins Sprechzimmer, wo mich Frau Doktor Kruse bereits einigermaßen belustigt erwartet: »Sie sind also Valerie Hagen. Für eine 14-Jährige haben Sie sich erstaunlich gut gehalten.« – »Frau Doktor«, sage ich betont seriös, »ich brauche Ihren Rat! Meine Tochter ist tatsächlich 14, hat ihren ersten Freund, wahrscheinlich bald ihren ersten Sex und ich habe keine Ahnung, welche Pille für sie gut ist. Sie selbst weiß das genauso wenig. Man hört ja so viele seltsame Dinge zu dem Thema. Können Sie mir eine empfehlen?«

Doktor Kruse könnte schmunzeln, bleibt aber netterweise ernst und sachlich: »Sie kümmern sich ja wirklich um Ihre Tochter. Das erlebe ich bei Vätern selten. Mit der Pille ist es immer so eine Sache. Eine Frau verträgt die eine Pille, bei der nächsten Frau ist das völlig anders. Deshalb teste ich jede Patientin, erst recht, wenn sie sehr jung ist. Da spielen viele Faktoren eine Rolle – wie sieht ihr Hormonhaushalt aus? Raucht sie? Hat sie Bluthochdruck? Die besten Erfahrungen habe ich seit Jahrzehnten mit den Pillen gemacht, die nie sogenannte Modepillen waren. Hüten Sie sich vor billigen Mikropillen in lila Verpackungen, egal wie sie heißen.«

Aber ich will mich nicht hüten, sondern meine Tochter soll verhüten. Gerade als ich glaube, wieder gehen und Valerie von allen Modepillen abraten zu können, fragt mich Frau Doktor noch in einem strengen Ton: »Herr Hagen, wie ist das denn eigentlich bei Ihnen? Wann waren Sie das letzte Mal bei der Krebsvorsorge?« Mit großen Augen schaut sie mich an. »Ähm, das ist so zehn Jahre her«, gestehe ich kleinlaut. Frau Doktor Kruse zieht eine Augenbraue nach oben und meint: »Dann wird es jetzt aber höchste Zeit für Sie! Seien Sie Ihrer Tochter ein gutes Vorbild. Besonders wichtig in Ihrem Alter ist die Darmkrebsvorsorge! Ich weiß, dass das für viele Männer unangenehm ist, aber da müssen Sie durch. Es geht ja um

Ihre Gesundheit, Herr Hagen. Ich mache bei einem guten Urologen gleich einen Termin für Sie aus!«

»Das ist wirklich ganz reizend von Ihnen gemeint, Frau Doktor«, erwidere ich. »Aber jetzt hat meine Tochter erst mal Priorität!« Bevor sie antworten kann, nehme ich schnell meine Jacke, gebe ihr zum Abschied die Hand und stürme aus der Praxis. Um meine angespannten Nerven zu beruhigen, gehe ich zum Imbiss um die Ecke und gönne mir eine fettige Currywurst mit Pommes dazu und ein Bier. Während ich genüsslich vor mich hin mampfe, beobachte ich zwei Teenie-Mädchen am Nebentisch. Eine ist dick, die andere dünn. Die Dicke zur Dünnen: »Seit ich die Pille nehme, bin ich einfach aufgegangen. Da isses jetzt auch schon egal, ob ich Salat oder Currywurst esse.« Fluchtartig verlasse ich den Imbiss. Ganz klar: Ich brauche eine Teenie-Pause! Und zwar sofort!

Ich rufe meinen besten, kinderlosen Freund Toni an: »Du, Toni, ich glaube, ich habe Teenitus! Wollen wir irgendwas zusammen unternehmen, wobei man garantiert keine Minderjährigen trifft?« Toni lacht, erkennt aber trotzdem den Ernst der Lage: »Klingt nach Teenie-Burn-out, du Armer. Lass uns doch eine Runde Squash spielen gehen!« Ich darauf: »Gute Idee! Das ist so Eighties, da sind bestimmt keine Teenies.« Nach einer grausam-anstrengenden Stunde Bälleklopfen und drei Weißbier am Tresen fühle ich mich so gut wie lange nicht mehr. Mein Kurzurlaub in die Erwachsenenwelt hat mir den richtigen Energieschub für kommende Teenie-Probleme gegeben. Unter der Dusche frage ich Toni: »Waren wir als Jugendliche eigentlich auch so schwierig?« Toni grinst mich an: »Weißt du nicht mehr – wir waren viel schlimmer!« Ich überlege kurz und sage dann: »Mag ja sein, aber unsere Eltern mussten sich nicht über die Antibabypille Sorgen machen. Die Pubertät meiner Tochter ist hundertmal härter als die eigene.« Toni grinst erneut: »Was glaubst du, warum ich keine Kinder habe?«

Als ich zu Hause bin, rufe ich Valerie an und berichte ihr stolz über meinen Besuch beim Frauenarzt. Sie kreischt hysterisch ins

Telefon: »Nein, Papa, sag mir sofort, dass die Geschichte nicht wahr ist! Du beim Frauenarzt – das glaubt mir niemand! Das glaub ich ja selbst nicht mal. Abgesehen davon, ist alles schon gelaufen. Ich war mit Mama bei unserer Frauenärztin. Die hat mir auch schon die Pille verschrieben.« Super, war alles umsonst. Ein wenig wichtigtuerisch frage ich meine Tochter: »Welche denn?« Ich fühle mich jetzt ja – zumindest ein wenig – als Pillen-Profi. Valerie antwortet: »Den Namen habe ich leider vergessen, aber die Packung schaut so schön lila aus. Außerdem wird sie dauernd beworben, in allen Magazinen und im Fernsehen …«

VALERIES WAHRHEIT

Dieses ständige Einmischen geht mir echt so was von auf die Nerven, Papa. Oder was kommt jetzt – wo gehst du das nächste Mal für mich als Sondereinsatzkommando hin? Zu meinen Mädelsabenden? Aufs Frauenklo? Wirfst du dir jetzt meine Pille rein?! Ich hab einen tollen Vorschlag für dich: Wenn du gerne alles aus meinem Leben teilen und wissen möchtest, dann geh doch für mich in die Schule! Die Lehrer freuen sich sicher, wenn du zwischen all meinen Freundinnen sitzt. Kannst ja sagen, dass du nur schauen möchtest, ob der Unterricht auch gut und anspruchsvoll für mich ist. Los! Kein Problem! Dagegen hab ich nichts. Du kannst mich auch sehr gerne am Samstagnachmittag zu H&M begleiten (inklusive Tragen und Zahlen), aber das willst du komischerweise nie. Wir können auch zusammen alle Staffeln von *Desperate Housewives* anschauen. Doch alles andere ist für dich *tabu*!! Du hast nie Lust, zum Arzt zu gehen, und jetzt hockst du bei einer Frauenärztin. Was für ein Schwachsinn. Ich kann das schon alleine regeln. Millionen von Frauen auf der Welt nehmen die Pille. Da werde ich das wohl auch schaffen. Ohne deine bescheuerte Hilfe.

10. KAPITEL

SECHS STATT SEX

Hätte ich das ganze Geld, das ich für Valeries Nachhilfelehrer ausgegeben habe, auf ein Sparkonto eingezahlt, ich könnte mir heute drei Ferraris, den halben FC Bayern oder eine hübsche Yacht im Mittelmeer leisten. Stattdessen habe ich fürsorglich alles in meine Tochter und ihr schulisches Vorankommen – besonders in den Fächern Mathe, Physik und Chemie – investiert. Ihre Noten in diesen allseits beliebten Fächern bewegen sich trotzdem immer noch zwischen Fünf und Sechs. Dafür habe ich eine Standleitung zu meinem zornigen Bankberater. Da es in meinen Augen zum Abitur keine wirkliche Alternative gibt (nein, auch Topmodel bei Heidi Klum ist keine Lösung), habe ich wirklich alles versucht: pensionierte Oberstudienräte, blitzgescheite Mathematikstudenten, sauteure Ferienkurse.

Ich stehe finanziell kurz vor dem Ruin und meine Tochter steht vor einer unangenehmen Nachprüfung am Ende der Sommerferien in ihren »Lieblingsfächern« Mathe und Chemie. Sie hat in beiden Fächern mit Ach und Krach Fünfer. Dass es statt ans Meer dieses Mal im Urlaub hinter den Schreibtisch geht, versteht Valerie natürlich nicht. Das Gezeter ist groß, die Einsicht offenbar nicht: »Ich habe das ganze Jahr in der Schule gelernt, jetzt muss ich auch noch in den Ferien lernen.« Meinen Einwand, dass sechs Wochen Pauken angenehmer sind, als ein ganzes Jahr zu wiederholen, lässt meine Tochter nicht gelten. »Papa, du bist so gemein! Warum tust du mir das an? Alle anderen fahren mit ihren Eltern weg, nur mein Vater will nicht mit mir verreisen.« – »Die anderen sind ja auch nicht durchgefallen, sondern nur du stehst ganz knapp auf der Kippe«, erwidere ich.

Ganz so tragisch gestalten sich ihre Sommerferien dann doch nicht. Tagsüber hängt sie mit anderen Zuhausegebliebenen im Englischen Garten rum, geht in die Stadt zum Eisessen oder Shopping. Und die eine oder andere Party findet auch statt – »Das weiße Fest«, »Die Bad-Taste-Party«, »Die Leichte-Mädchen-harte-Drinks-Nacht«. Zwischendrin eineinhalb Stunden zu lernen ist da wohl kaum zu viel verlangt. Wochen später geschieht das Wunder tatsächlich: Valerie schafft die Nachprüfung, verbessert sich sensationellerweise in Mathe von Fünf auf Vier. Die Fünf in Chemie kann sie gerade so halten. »Yippie, Papa, jetzt bin ich in der zehnten Klasse. Und die bescheuerte Lernerei war auch nicht total fürn Arsch.« Als Belohnung fürs Weiterkommen schenken Alexa und ich ihr augenzwinkernd eine Lillifee-Schultüte mit ganz viel pinker Schokolade drin. Im Gegenzug verspricht mir meine Tochter, sich in der zehnten Klasse von Anfang an auf den Hosenboden zu setzen und zu lernen.

Die nächsten sechs Monate verlaufen reibungslos – denke ich zumindest. Valerie geht eine Woche lang auf Klassenfahrt nach Berlin, will danach von mir wirklich alles über den Mauerfall und die deutsche Wiedervereinigung wissen. Ich bin richtig stolz auf ihren Wissensdurst. Wenig später macht sie beim Frankreich-Austausch mit, fährt für zwei Wochen nach Dünkirchen in die Normandie. Sie schimpft zwar über die eintönig-graue Küstenstadt und die Austauschschülerinnen, die immer noch auf Tokio Hotel stehen. Aber Valerie ist auch begeistert über ihre eigenen Fortschritte im Französischen. Irgendwann frage ich sie, wann sie eigentlich mal ein paar Schulaufgaben schreibt. Ihre Antwort: »Erst nach Weihnachten, aber mach dir keine Sorgen, ich habe alles im Griff.«

Da hätte ich spätestens skeptisch werden müssen. Ein halbes Jahr voller Reisen und ohne Prüfungen – wo gibt's denn so was? Kurz vor der Vergabe der Zwischenzeugnisse (»Papa, ich kriege höchstens eine Fünf«) besuchen Alexa und ich einen Elternabend, bei dem es bereits um die Wahl der Leistungskurse in der Kollegstufe, die heutzutage Q11 und Q12 heißen, geht. Der Besuch der Schule ist ein Déjà-vu-Erlebnis: Schule sieht immer noch nach Schule aus, riecht nach Schule, nur die Lehrerinnen sind plötzlich alle viel jünger als zu meiner »aktiven« Zeit. Als wir uns Valeries Klassenlehrer vorstellen, empfängt er uns mit einem Was-wollen-Sie-hier?-Blick. Irgendwie fühlen wir uns unerwünscht. Alexa:

»Was hat der Typ gegen uns? Wir sind doch sehr freundlich zu ihm.« Mir schwant Übles.

Fünf Tage später wissen wir, was den Herrn Klassenlehrer so grimmig hat schauen lassen. Valeries Zwischenzeugnis ist noch schlimmer als sein Gesichtsausdruck – fünf Fünfer und eine Sechs! Alexa ist schockiert, ich bin schockiert, Valerie ist schockiert. Angeblich wusste sie gar nichts von dem schulischen Super-GAU. »Verflixt noch mal, Valerie, warum hast du uns denn nichts gesagt? Deine schlechten Noten sind nicht vom Himmel gefallen. So was bahnt sich doch an. Ein bisschen rechnen musst du in der zehnten Klasse können – ich bin wirklich stinksauer!« Valerie sagt schluchzend: »Ich weiß auch nicht. Die Lehrer mögen mich alle nicht. Keine Ahnung warum.«

Was ich jetzt weiß: Valeries Leben muss sich grundlegend ändern. Ich will jede Arbeit von Valerie in Kopie bekommen, den Stunden- und Schulaufgabenplan sehen und die Telefonnummern von wirklich allen Lehrern haben. Natürlich habe auch ich ein schlechtes Gewissen, weil ich meiner Tochter so bedingungslos vertraut habe. Kontrolle wäre besser gewesen. Alexa und ich beschließen, im zweiten Halbjahr das Schul-Notprogramm »Valerie goes Streberin« zu starten. Vor allem in Lernfächern wie Biologie und Geschichte muss sie deutlich besser werden. Am nächsten Wochenende geht's schon los. Valerie bringt alle Schulbücher und Hefte mit. Wir beginnen mit Sozialkunde. Ich frage, was sie da zuletzt gemacht haben. »Puh«, meint Valerie, »das weiß ich gar nicht. Das muss ich mal schnell nachschauen.« Kurzzeitig wird mir schwarz vor Augen.

VALERIES WAHRHEIT

Tut mir leid, aber ich bin echt nicht der größte Schul-Fan. Und das warst du auch nie, Papa! Du bist selbst in der siebten Klasse (wo alles noch total easy ist – wie peinlich!) durchgefallen. Von mir erwartest du dafür jetzt, dass ich die Super-Streberin bin. Das ist wirklich unfair. Ich mein, ich hab ja deine Gene. Bedank dich also bei dir selber, wenn ich schlecht bin. Mich interessiert es nicht so doll, was in der Weimarer Republik los war. Das ist sooo ewig her. Wieso muss ich das heute wissen? 9/11 ist meine Zeit. Da war ich gerade sechs Jahre alt, das betrifft mich viel mehr. Stattdessen reden wir nur über Sachen, die in der Steinzeit passiert sind. Für was? Ich weiß, du magst es nicht, wenn ich so wenig Interesse habe. Du verlangst immer, dass ich Zeitung lese und die *Tagesschau* ansehe. Aber das ist so trist, so depri. Das verdirbt einem gleich den ganzen Tag – und du willst doch viel lieber, dass ich fröhlich bin, oder?

11. KAPITEL

DIE AGGRO-TOCHTER

Meine süße kleine Tochter ist weg. Dafür habe ich jetzt eine saure kleine Zicke. Die »böse« Pille, die Valerie von ihrer Frauenärztin verschrieben bekommen hat, leistet ganze Arbeit. In einschlägigen Internet-Foren hatte ich mich ja schon über Nebenwirkungen wie »Stimmungsschwankungen«, »Depressionen«, »Libidoverlust« und »Schmerzen in den Beinen« informiert, aber die Realität schlägt alles. Gespräche mit Valerie laufen jetzt so: »Na, Kleine, was hast du denn am Wochenende so vor? Wollen wir uns sehen?« Valerie: »Glaube ich nicht, Papa. Was ich mache, geht dich auch gar nichts an.« Bums! Dann legt sie auf. Wenn ich sie noch einmal anrufe, ist das Handy ausgeschaltet. Bitte ich sie via Voicebox um Rückruf, geschieht natürlich nichts. Ich schreibe etliche SMS, die im elektronischen Nirwana landen.

Valerie meldet sich lediglich, wenn sie von mir die offizielle Erlaubnis zum Weggehen braucht. Aber auch diese Diskussionen sind mühsam und selten fröhlich. Meine Tochter ist nur noch kurz angebunden, hat Zauberworte wie »bitte« und »danke« aus ihrem Wortschatz gestrichen und auch alle möglichen Umgangsformen verlernt. So legt sie beispielsweise mitten im Gespräch auf, ohne sich vorher zu verabschieden. Selbst ein schnelles »Ciao« ist nicht mehr drin. Auch ihr Tonfall bereitet mir Kummer, denn ihre Stimme klingt neuerdings immer genervt, gelangweilt und vorwurfsvoll.

So hört sie sich auch an, als sie mir plötzlich mitteilt, das nächste Wochenende bei uns übernachten »zu müssen« (O-Ton Valerie), weil ihre Mama spontan eine Freundin besucht. Trotz ihrer negativen Ausstrahlung versuche ich, motiviert zu klingen, und freue mich. Dann haben wir endlich mal Zeit, über ihr neues, leider durchaus unsympathisches Ich zu sprechen.

Mit dreistündiger Verspätung kommt sie am Freitagabend bei uns an. Lust zu kochen hat sie mittlerweile auch nicht mehr, beschwert sich aber gleichzeitig, dass es überall (in der Schulkantine, bei ihr, bei uns) immer nur Nudeln gibt. Alexa bestellt Sushi, das sie sonst gerne mag, und ich würde am liebsten einen

Teenie-Therapeuten ordern. Wir sitzen in der Küche, aber meine Tochter wirkt völlig teilnahmslos, schweigt vor sich hin, tippt nur apathisch auf ihrem Blackberry rum und sieht schwer genervt aus, obwohl doch Wochenende ist. Ihr Gesicht ist mit schätzungsweise fünf Schichten Make-up zugekleistert, dennoch erkennt man ihre dunklen Augenringe und eine unreine Haut.

Darauf spreche ich sie lieber nicht an. Stattdessen will ich wissen, wie ihre Planung für den heutigen Abend noch so aussieht. Meine Frage muss ich elfmal wiederholen, bis mir Valerie einen Blick schenkt und endlich reagiert. Dabei ist die Antwort nicht wirklich hilfreich: »Mal schauen.«

Alexa versucht, die Kleine aufzumuntern, und erkundigt sich nach Tyron: »Wie läuft's mit deinem netten Freund so?« Wieder dauert es ewig, bis Valerie antwortet: »Passt schon.« Langsam werde ich sauer. Alexa und ich schauen uns ratlos an. Wir hatten uns beide sehr auf ein entspanntes Wochenende gefreut, leider haben wir nun einen kleinen Hausdrachen als Untermieter, der nicht mal Feuer spuckt, sondern nur heiße Luft. Während ich das Kinoprogramm von heute checke, packt Valerie wortlos ihre schwarze Handtasche: »Ich bin dann spätestens um 3 Uhr wieder da!«

Ich glaub, ich hör nicht recht. »Moment, stopp!«, rufe ich ihr hinterher. Doch Valerie hat es ziemlich eilig, befindet sich schon im Treppenhaus. Ich renne ihr hinterher und sage: »Halt, Fräulein! So geht's nun wirklich nicht. Normalerweise fragen Töchter ihre Väter, ob sie weggehen dürfen! Wo sind deine Manieren geblieben? Du bist ja unausstehlich geworden! Du kommst jetzt schleunigst mit hoch und wir reden über dein seltsames neues Verhalten.«

Meine Tochter flippt nun völlig aus. Schreit wirr herum, nimmt ihre Handtasche und schlägt auf mich ein. Ich bin perplex. Überrascht und überfordert zugleich. Was ist nur in sie gefahren? Was habe ich ihr getan? Da kommt unser netter Hausmeister – meine Rettung. Ich denke, dass sich Valerie beruhigen wird. Fehlanzeige.

Der Hausmeister fragt, ob alles in Ordnung sei. Jetzt haut ihm Valerie gegen die Schulter und läuft anschließend weg. Ich entschuldige mich kurz für mein wild gewordenes Kind bei ihm (»Sorry, sie ist voll in der Pubertät!«) und renne hinterher. Als ich draußen auf der Straße stehe, ist meine Tochter längst verschwunden. Dafür treffe ich den Sushi-Lieferanten, der nur den Kopf schüttelt und wissen will, ob das eben meine Tochter war, die ihn da auf der Straße angerempelt und anschließend wüst beschimpft hat. Ich verneine, bezahle aber das Sushi und fasel noch alibimäßig etwas von der Jugend von heute vor mich hin.

Niedergeschlagen kehre ich in die Wohnung zurück. Als ich Alexa von dem Vorfall im Treppenhaus erzähle, starrt auch sie mich ungläubig an. »Glaubst du, dass das alles an dieser blöden Pille liegt?«, frage ich. Alexa meint: »Hoffentlich. Denn die kann man ja zum Glück schnell wieder absetzen. Meine Schwester hat die auch mal genommen, sie aber nach einem Monat gestoppt, weil ihr dauernd schwindelig wurde.« Schwindelig ist heute Abend vor allem mir. Wir stellen das Sushi in den Kühlschrank, weil uns eh der Appetit vergangen ist. Die nächsten Stunden diskutieren wir Valeries Verhalten, suchen nach Lösungen und fragen uns immer wieder, ob wir sie anrufen sollen. »Muss nicht von Valerie der erste Schritt kommen? Oder ist es meine Aufgabe?«, frage ich Alexa.

In diesem Moment klingelt es an der Tür. Es ist kurz nach Mitternacht. Valerie ist zurück. Offenbar weiß sie nicht, was sie sagen soll. Stattdessen freut sie sich über das Sushi und isst es blitzschnell auf. Alexa und ich schauen ihr schweigend zu. Dann sagt Valerie plötzlich: »Ich bin echt sehr müde. Darf ich heute vielleicht bei euch im Bett schlafen?« Noch bevor wir antworten können, ist sie schon im Badezimmer, um sich abzuschminken. Ich kapiere die Welt nicht mehr, bin aber froh, als sie sich später im Bett an mich kuschelt.

VALERIES WAHRHEIT

Zu meiner Verteidigung: Jeder hat doch mal so einen Tag, an dem einfach alles nur beschissen läuft. Da fällt alles runter, geht kaputt, niemand ist erreichbar, keine coole Party, meine Mädels sind alle verplant, der T. will lieber skaten, alles ist blöd, man fühlt sich grundlos mies. Da will ich auch nicht gleich wieder stundenlang drüber reden müssen, Papa. Weil – du verstehst es eh nicht. Du magst es ja auch nicht, wenn ich dich am Wochenende vor 11 Uhr morgens wecke und mit dir nett plaudern will. »Ich muss noch kurz nachdenken«, grummelst du dann immer und drehst dich weg. Könnte ich auch sagen: »Ich muss noch kurz nachdenken.« Aber das würdest du nicht gelten lassen. Selbst wenn ich im Bett neben dir die *InTouch* oder *Grazia* lese, ist dir das Geräusch des Umblätterns zu laut. Aggro wirst du doch auch hin und wieder – im Supermarkt, wenn nur eine Kasse offen hat, oder beim Autofahren, wenn alle Ampeln rot und die Autofahrer langsam sind. Da sagst du auch Sachen, die ich hier besser nicht wiederhole.

12. KAPITEL

UNHAPPY BIRTHDAY

Valerie liebt selbst gemachte Geschenke. Deshalb entschließen Alexa und ich uns dazu, ihr zum 15. Geburtstag eine große Foto-Collage für ihr Zimmer zu basteln. Gesagt, getan! Wir stürmen in den Drogerie-Markt im Nebenhaus und drucken gefühlte 500 Fotos von Alexas iPhone aus. Besondere Mühe geben wir uns bei der Auswahl der coolen Action-Bilder von Valeries Freund Tyron, dem Super-Skater. Tyron hoch in der Luft bei einem Skater-Contest in Paris, Tyron bei einem Sprung über eine Rampe in Barcelona, Tyron beim Freestylen in München (wir hatten Tyron zuvor unter dem Siegel der Verschwiegenheit darum gebeten, uns ein Best-of seiner Skater-Fotos zu mailen).

Zu Hause angekommen, machen wir uns sofort ans Werk: Geschickt schneidet Alexa die Fotos aus, weniger geschickt klebe ich sie dann in den großen Bilderrahmen. Wir geben uns viel Mühe und sind am Ende richtig zufrieden mit dem Ergebnis. An ihrem Geburtstag hat sich Valerie für einen Nachmittagsbesuch bei uns angesagt. In der Küche bauen wir den Tisch mit den Geschenken auf: in der Mitte die Collage, dazu ein schicker Minirock von H&M, ein Gutschein von Zara, das Buch *Generation Geil*, das sich Valerie gewünscht hat, Luftschlangen, Konfetti, Wunderkerzen, ein buntes »Happy Birthday«-Schild und natürlich der obligatorische Geburtstagskuchen. »Jetzt kann sie kommen«, sage ich mit Blick auf den bunten Tisch zu Alexa.

Wir kaufen noch schnell eine Flasche Kindersekt im Supermarkt um die Ecke, dazu Valeries geliebte Gummibärchen, Schoko-Snacks in allen Variationen, Salzstangen, Kartoffelchips und Erdnüsse. Gerade als wir mit unseren Einkäufen die Wohnung wieder erreichen, klingelt es auch schon an der Tür. Wir öffnen und kurz darauf entsteigt Valerie dem Fahrstuhl – das Gesicht so verweint, wie ich es bei ihr seit Babytagen nicht mehr gesehen habe. Außerdem ist ihre komplette Schminke verlaufen. »Um Gottes willen, was ist denn passiert, meine Kleine?«, frage ich schockiert. Valerie kann nicht reden, fällt Alexa und mir unter großem Geschluchze in die Arme.

»Komm erst mal rein, du süßes Geburtstags-Wurschti«, sagt Alexa beruhigend. Valerie bringt immer noch kein Wort heraus. Wir drücken sie abwechselnd und streicheln ihren Kopf. Ganz langsam legt sich ihr Weinkrampf und Valerie kommt zu sich. »Jetzt erzähl mal, warum bist du so traurig?«, frage ich vorsichtig. »Tyron hat mit mir Schluss gemacht«, stößt Valerie hervor, dann rollen wieder die Tränen. Uff, denke ich, ausgerechnet an ihrem Geburtstag. Das ist auch nicht die feine englische Art. Alexa eilt in die Küche und kommt mit einer Großpackung Taschentücher wieder zurück zu uns ins Wohnzimmer. Wir setzen uns auf die Couch, Valerie in der Mitte, und fragen behutsam nach dem Grund für das plötzliche Beziehungsende.

»Also, der Tyron hat's mir gerade erst nach der Schule gesagt«, berichtet Valerie, dann greift sie zum nächsten Taschentuch. »Was hat er denn gesagt?«, will ich wissen. Valerie: »Na ja, dass wir nicht so gut zusammenpassen, dass ihn meine Eifersucht auf seine bescheuerte Sandkastenfreundin Susi nervt und dass er eigentlich gar keine Freundin braucht. Seine Freundin ist sein Skateboard.« – »Das hätte er sich auch früher überlegen können«, sage ich hilflos. Etwas Schlaueres fällt mir gerade nicht ein. »Wie lange wart ihr jetzt eigentlich zusammen?«, frage ich. »Nicht mal drei Monate«, erklärt Valerie, dann fängt sie wieder an zu schluchzen. Alexa meint: »Valerie, schau mal, du hast heute doch erst deinen 15. Geburtstag. Du hast in deinem Leben noch so viel Zeit für andere Jungs. Und ich verspreche dir: Da draußen gibt's noch ganz viele tolle Jungs für dich.«

Das ist zwar nur ein schwacher Trost in diesem Moment des ersten schlimmen Liebeskummers, das wissen Alexa und ich, aber tatsächlich beruhigt sich Valerie. Wir beschließen, in die Küche zu gehen und Valerie zu bescheren. Aus dem CD-Spieler singt Stevie Wonder *Happy Birthday*, wir entzünden die Wunderkerzen, lassen Luftschlangen fliegen und am Ende bläst Valerie die 15 Kerzen auf ihrem Geburtstagskuchen aus. »Weißt du, Valerie, die Fotos von

Tyron auf der Collage, die können wir ganz einfach mit anderen Bildern überkleben«, schlage ich vor, um unser Geschenk vor dem Weg in die Mülltonne zu bewahren. »Ja, ja, Papa«, sagt Valerie, »das ist jetzt doch gar nicht so wichtig.« Als wir später am Abend in der Küche zusammensitzen, erzählt uns Valerie, warum ihr das Ende der Beziehung mit Tyron so zusetzt: »Wisst ihr, er war mein erster richtiger Freund. Wir haben vor zwei Wochen auf einer Party Sex gehabt.«

Spontan beschließe ich, Tyron anzurufen, natürlich vom Bad aus, Valerie soll's ja nicht mitbekommen. Ich: »Es geht mich ja nichts an, aber musstest du ausgerechnet an Valeries Geburtstag mit ihr Schluss machen? Ein Tag später hätte vielleicht auch gereicht, oder?« Tyron: »Dass Valerie heute Geburtstag hat, wusste ich nicht – ich schwör's! Sie hatte es mir nicht erzählt. Wenn ich's gewusst hätte, hätte ich das niemals getan.« – »Na ja, Tyron, wann die Freundin Geburtstag hat, weiß man doch eigentlich.« Der Ex meiner Tochter: »Was soll ich denn jetzt machen? Ich fühle mich ganz beschissen.« Ich: »Das musst du schon selbst wissen. Da kann ich dir echt keinen Tipp geben. Anyway: Noch einen schönen Abend und bis bald mal wieder. Ciao.«

Minuten später klingelt Valeries Blackberry. Tyron ist dran, er will sich mit Valerie treffen, aber sie will nicht. »Papa, der ist so doof. Ich möchte heute einfach nur bei euch bleiben, wenn ich darf.« – »Natürlich darfst du«, antworte ich, nehme meine Tochter in den Arm und drücke sie ganz fest. »Bei uns bist du doch immer willkommen, nur Tyron hat jetzt erst mal Hausverbot.«

VALERIES WAHRHEIT

Jungs können so wahnsinnig dämlich sein, dass alles zu spät ist. Natürlich wusste T., dass ich Geburtstag habe. Hallo! Wir sind auf FB miteinander befreundet, da weiß jeder von jedem, wann wer Geburtstag hat – und da werden die Geburtstagskinder des Tages auch immer angezeigt. Auf FB haben mir etwa 1300 Menschen gratuliert. Meine Freundinnen haben mir eine pinke Krone geschenkt, die ich nach der Schule aufhatte. Da stand »Happy B-Day« drauf – und T. will mir erzählen, dass er es überhaupt niemals hätte erahnen können, dass ich Geburtstag hab. Klar. Ich lauf ja ständig so rum. Was für eine billige Ausrede. Außerdem hatte ich eine Flasche Prosecco und eine Torte mit der Aufschrift »Bald 18 – yeah!« in den Händen. Kommt niemand drauf, dass ich vielleicht Geburtstag haben könnte. Alter, verarschen kann ich mich alleine.

13. KAPITEL

IM DIRNDL-WAHN

»In meiner Sorge vorm Großvaterwerden schreibe ich Valerie eine SMS.«

Der beste Ort in München, um seinen Liebeskummer zu bekämpfen, ist die Theresienwiese. Leider findet das Oktoberfest dort bekanntlich nur einmal im Jahr statt. Aber um den Münchnern die Zeit bis zur nächsten Wiesn zu verkürzen, gibt es auch noch das Frühlingsfest. Es ist eine Art Mini-Oktoberfest mit wenigen Fahrgeschäften und nur zwei Bierzelten. Auf dem Frühlingsfest geht es gemütlicher und weniger streng zu, deshalb ist es besonders bei Teenies beliebt. Um Valerie das Liebes-Aus mit Tyron erträglicher zu machen, haben Alexa und ich für sie und ihre Girlies in diesem Jahr einen Tisch im Hippodrom-Zelt reserviert.

Am Tag des Festbesuchs sind wir um 15 Uhr mit Valerie und sieben ihrer Freundinnen bei uns zu Hause verabredet. Als die Mädels-Gang anrückt, traue ich meinen Augen nicht. Valerie kommt durch die Tür, dann folgen ihre besten Freundinnen Steffi, Sophie, Melli und der Rest der Clique. Alle acht tragen Dirndl und Ballerinas, sehen aus wie geklont. Alexa und ich müssen kurz lachen, dann begrüßen wir die Mädels – Bussi links, Bussi rechts. Zuerst bewundert die Dirndl-Fraktion unsere neue, ganz in Pink gestrichene Küche (nein, ich bin nicht homosexuell geworden, ich habe meiner Verlobten nur ihren Wunsch erfüllt) und die beachtliche Kosmetiksammlung von Alexa auf dem Küchentisch, dann setzen sich die acht auf unseren Balkon, um den strahlenden Sonnenschein zu genießen.

»Papa«, sagt Valerie, »wir haben zwei Flaschen Rosé-Sekt mitgebracht. Ein bisschen vorglühen, du weißt schon. Kannst du die Flaschen bitte kurz in den Kühlschrank stellen?« – »Klar«, sage ich schmunzelnd und erinnere mich an die Oktoberfest-Besuche meiner Jugend, als noch nicht einmal das Wort »vorglühen« erfunden war. Dummerweise deponiere ich eine der Flaschen im Eisfach, was sich später als Fehler herausstellen wird. Während die Girlies draußen auf dem Balkon an ihrem Sekt nippen, dabei gickern und gackern, springt auch Alexa in ihr Dirndl. Nur ich gehe als konsequenter

Trachten-Verweigerer wie üblich in Jeans und Polohemd aufs Volksfest.

Aus der Küche höre und sehe ich, wie auf dem Balkon das Teenie-Chaos tobt: Immer wieder rennt eines der Mädels in unser Bad, um sich nachzuschminken. Eine fragt die andere, ob ihre Dirndl-Bluse auch zu ihren Schuhen passt. Valeries Freundin Melli schimpft über ihr bevorstehendes Physik-Referat, weil sie den Stoff nicht kapiert. Sophie fragt mich, ob ich durchsichtigen Nagellack hätte, mit dem sie die Laufmasche an ihrer Strumpfhose reparieren könnte. Dauernd piepsen irgendwelche Handys. Jungs rufen an, wollen wissen, wann die Mädels endlich kommen. Eintrudelnde SMS werden hysterisch kommentiert. Die Mädels fotografieren sich ununterbrochen selbst, laden Fotos auf Facebook hoch und sind generell in größter Vorfreude.

Steffi erzählt, dass sich ihre Mutter unter falscher Identität auf Facebook angemeldet hat, um sie auszuspionieren und zu checken, ob sie etwa heimlich raucht. Deswegen darf sie keine Fotos mit Zigarette in der Hand hochladen. »Das geht ja gar nicht!«, meinen die Mädels. Ich finde die Idee der Facebook-Spionage kurzzeitig verlockend, verwerfe sie aber dann doch lieber wieder. Valerie meint zwischendurch, dass es eigentlich lustiger wäre, wenn Alexa und ich zu Hause bleiben würden. Aber die anderen Mädels überzeugen netterweise mein Kind, dass unsere Anwesenheit »gar nicht so schlimm« sei. Steffi meint zu Valerie: »Dein Vater ist doch ganz cool, mach dir keine Sorgen.« Ich atme auf und betone, dass ja irgendjemand auf die wilde Horde aufpassen muss. Das hören Valeries Freundinnen natürlich nicht gerne, akzeptieren es jedoch immerhin.

Dann starten wir endlich zum Taxistand an der Ecke. Wir brauchen logischerweise zwei Wagen, was aber nicht dramatisch ist, da wir relativ nah an der Theresienwiese wohnen. Im Taxi flüstere ich Alexa zu: »Schon ein Abenteuer, wir zwei mit der ganzen Girlie-Gang. Hoffentlich landet später keine betrunken unterm Tisch. Sonst gibt's Mordsärger mit den Eltern.« – »Ach

Quatsch«, beruhigt mich Alexa, »wir sind doch dabei. Da haben wir schon ganz andere Teenie-Katastrophen gemeistert.« Im Festzelt angekommen, bestellen alle eine Maß Bier (das macht man in Bayern so) und ein halbes Hendl. Wir prosten uns zu, essen Hühnchen und die Mädels bedanken sich artig für den Tisch. Als die Musik lauter wird, erklimmen Valerie und ihre Freundinnen die Bierzelt-Bänke und fangen an zu tanzen. Da ich von meiner Tochter schon mehrfach wegen meines unkonventionellen Tanzstils abgestraft wurde, bleibe ich dieses Mal einfach sitzen.

Plötzlich kommt Valerie ganz aufgeregt zu mir: »Du, Papa, die Jungs sind in dem anderen Bierzelt. Steffi, Sophie, Melli und ich schauen schnell mal rüber. Okay?« – »Kein Problem«, sage ich, »aber nimm dein Handy mit und bleibt nicht zu lange weg.« Plötzlich haben wir ganz viel Platz am Tisch. Und da Valerie gerade außer Sichtweite ist, wage ich ein schnelles Tänzchen mit Alexa zu Robbie Williams' Super-Hit *Angels*. Da tauchen Paul, Maxi, Basti und Steve bei uns am Tisch auf, die Jungs, die Valerie eigentlich in dem anderen Zelt treffen wollte. »Setzt euch doch her«, schlage ich vor. Die Jungs bedanken sich, nehmen Platz und bestellen Bier. Wenige Minuten später taucht Valerie mit Anhang auf. Sie stürzt auf mich zu und sagt vorwurfsvoll: »Papa, warum hast du mir denn nicht gesagt, dass die Jungs hier sind?« Ich antworte: »Das ist echt nicht mein Job. Das sind doch deine Freunde.«

Valeries Ärger ist schnell verraucht. Der Tisch ist jetzt wirklich gut gefüllt, alle sind bester Laune, die Jungs schäkern mit den Mädels und umgekehrt. Als um 23 Uhr die Lichter angehen und das Zelt zumacht, beschließen wir spontan, noch eine Runde Autoscooter zu fahren. Es ist ein Riesenspaß, bis plötzlich Tyron, der Ex meiner Tochter, auftaucht. Alexa und ich steigen aus dem Autoscooter und beobachten aus der Ferne, wie Valerie und Tyron wild gestikulierend miteinander reden. Auf einmal sind die beiden aus unserem Blickfeld verschwunden. Da klingelt mein Handy. Tyron ist dran: »Hey Clemens, darf Valerie heute Nacht bei mir

schlafen?« Ich antworte: »Will sie das denn?« Tyron: »Ja, sie will das gern – und ich auch.« Als ich Alexa die Lage erklärt habe, meint sie, dass ich unbedingt noch mit Valerie sprechen sollte, ob's wirklich okay ist für sie. Meine Tochter: »Ja, Papa, schon in Ordnung. Mach dir keine Sorgen.«

Die mache ich mir natürlich trotzdem. Als Alexa und ich zu Hause ankommen, bemerke ich, dass die Rosé-Sekt-Flasche im Eisfach explodiert ist. Ich reiße mir an einer Scherbe die Hand auf, der ganze Kühlschrank ist jetzt roséwein-blutrot gefärbt. Ich fluche laut vor mich hin und frage mich, warum ausgerechnet mein Leben so kompliziert sein muss. In dem Chaos fällt mir ein, dass Valerie ja ihre Aggro-Pille abgesetzt hat. Das ist zwar gut, was ihr Verhalten und den Hormonhaushalt betrifft, aber weniger gut, was diese Nacht bei Tyron betrifft. In meiner Sorge vorm Großvaterwerden schreibe ich Valerie eine SMS: »Süße, denk dran, dass du die Pille gerade nicht nimmst!« Prompt kommt die Antwort: »Mann, Papa, wir reden doch nur.« Am Ende dieses Girlie-Tages falle ich mit einer schmerzenden verbundenen Hand und ziemlich erledigt ins Bett. Ich bin noch nie in meinem Leben so schnell eingeschlafen.

VALERIES WAHRHEIT

Es ist wirklich erstaunlich: Während ich mich ja schon – zugegebenermaßen völlig zu Recht und häufig – für dich schäme, finden
dich meine Mädels alle seltsamerweise total okay. Viel toller als ihre
eigenen Papas. Dass sie Alexa super finden, versteh ich ja noch. Die
ist wie eine von uns – nur doppelt so alt. Aber du bist du, also eben
mein Papa. Und dadurch eigentlich so gar nicht der Typ, mit dem ich
Party mache. Ich finde es auch eher unangenehm, wenn mir Melli
und Sophie vorschwärmen, was ich für ein Glück mit dem »coolen
Clemens« habe. Oh Gott, wenn die wüssten! Nichts gegen dich, Papa,
aber du kannst schon sehr anstrengend sein. Du tust immer so, als
wäre es mit mir anstrengend – dabei ist es genau andersherum. Du
schreibst mir mitten in der Nacht eine SMS, ob ich die Pille nehme.
Du führst dich schlimmer als jede Super-Nanny auf. Dabei bist du ein
Mann und solltest viel entspannter sein. Autoscooter ja, gern, aber
schalt auch mal den Autopiloten ein.

14. KAPITEL

WIGGERL

Eigentlich hätte ich es gleich wissen und misstrauisch werden müssen – denn es fing schon so völlig untypisch an: Valerie wollte an diesem einen Freitag tatsächlich gar nicht weggehen. Sie hatte weder Grippe noch einen XXL-Pickel auf der Nase, trotzdem wollte sie brav zu Hause bleiben und mit einer Freundin einen »Chiller-Abend« (Teenie-Sprech für »gemeinsames Abhängen«) verbringen. »Dafür, Papa, mach ich Samstag richtig fett Party. Ich darf doch?«, bettelt meine Tochter, als wir telefonisch das Wochenende planen. »Na gut, besser als zwei Nächte Vollalarm«, antworte ich pädagogisch wertvoll und in dem Wissen, dass sie nach Partys so gut wie nie zur vereinbarten Zeit zu Alexa und mir zum Übernachten kommt.

Zwei Stunden später, es muss gegen 22 Uhr sein, klingelt mein Handy. Valerie: »Du, Papa, ich geh jetzt doch noch weg, und zwar mit der Sonja von der Nachbarschule, bei der schlaf ich dann auch.« Genervt entgegne ich: »Wir hatten doch was anderes besprochen. Aber dann rufst du mich um Punkt 1 Uhr von Sonjas Festnetz-Nummer an, damit ich weiß, dass du gut bei ihr angekommen bist.« Vertrauen ist gut, Kontrolle besser, denke ich und halte mich für einen kurzen Moment für ziemlich schlau. Ein schlimmer Fall von Selbstüberschätzung, wie sich gleich herausstellen soll.

Zwar erscheint um 1 Uhr nachts tatsächlich eine Festnetz-Nummer auf meinem Handy und Valerie flüstert: »Ich bin jetzt bei Sonja, ich kann nur kurz reden, weil ihre Eltern schon im Bett sind.« Erleichtert antworte ich: »Dann schlaf jetzt schön! Liebe dich!« Kurz bevor wir auflegen, höre ich am anderen Ende aber noch, wie jemand an der Wohnungstür Sturm klingelt. Jetzt kommt es, wie es kommen muss: Als ich die angebliche Festnetz-Nummer von Sonjas Eltern wähle, hebt natürlich niemand ab – weder beim ersten, beim zweiten noch beim zwanzigsten Mal. Auch das Handy meiner Tochter ist aus, bloß die Voicebox läuft: »Bitte hinterlassen Sie Ihre Nachricht nach dem Signalton …«

Innerlich kochend beginne ich, die Kontakte in meinem Handy zu durchsuchen. Nach gefühlten zehn Minuten finde ich sie tatsächlich: Sonjas Handy-Nummer! Und – Wunder, oh Wunder – beim dritten Versuch geht sie auch tatsächlich ran: »Hallo, wer da?« Im Hintergrund laute Stimmen, noch lautere Musik. Ich sage: »Gestatten, mein Name ist Clemens Hagen. Könnte ich kurz meine Tochter sprechen? Sonja, sag die Wahrheit, ihr seid doch gar nicht bei dir daheim, oder?« Sonja schluckt. »Doch, wir haben nur noch fünf Freunde eingeladen.« Ich: »Ach, das ist doch Quatsch.« Sonja schluckt wieder. »Könnte ich jetzt bitte kurz meine Tochter sprechen?« Mit einer Stimme, die an das Wimmern junger Hunde erinnert, sagt Valerie: »Papa, wir sind nicht bei Sonja, wir sind beim Wiggerl. Der wohnt in Milbertshofen.« Wiggerl? Wer oder was soll das denn sein? Ich kenne ja viele Freundinnen und Freunde meiner Tochter, aber von einem Wiggerl habe ich noch nie gehört. »Du nimmst dir jetzt ein Taxi und kommst sofort nach Hause!«

Als ich dem Taxifahrer 45 Euro in die Hand drücke – dafür hätte ich im Restaurant ein saftiges Riesen-Steak bekommen –, bin ich richtig sauer. Aber dann passiert etwas Unglaubliches: Statt Alexa und mich wegen der ganzen Lügerei, entstandener Kosten, Sorgen und Stress um Entschuldigung zu bitten, dreht Valerie den Spieß einfach um. Sie vermittelt uns den Eindruck, wir hätten ihr den größten Spaß ihres Lebens vermiest. Sie sitzt neben uns auf der Couch, knabbert an ihren schlammgrau lackierten Fingernägeln herum, traut sich noch nicht mal, uns anzuschauen, und gibt lediglich Piepslaute von sich. »Lügst du deine Freundinnen auch manchmal an?« – »Nee.« – »Willst du, dass wir dich anlügen?« – »Nee.« – »Warum lügst du uns dann an?« Kein »Nee«, nur peinlich-betrübtes Schulterzucken. Ihre Masche funktioniert. Völlig grundlos habe ich plötzlich ein schlechtes Gewissen. Ich fühle mich wie der gemeinste Vater des Universums.

Am nächsten Morgen ist Valerie zum Glück wieder besser gelaunt, zumindest ein wenig. Und das schlechte Gewissen muss auch angekommen sein, denn sie überrascht uns mit frischen Semmeln und Brezn vom Bäcker. Wir drei machen uns ein gemütliches Frühstück, so mit allem Drum und Dran: Eier im Glas, frischer Orangensaft, Cappuccino, Lachs, Käse, Schinken. Nach der morgendlichen Schlemmerei komme ich noch mal auf den Vorabend zurück: »Du, Valerie, so einen Blödsinn machst du nicht wieder. Haben wir uns da verstanden? Du kannst uns immer alles sagen. Das ist besser als diese idiotische Lügerei!« Meine Tochter: »Ja, Papa, ich weiß, dass das nicht so schlau war. Wir müssen alle jetzt auch noch Geld sammeln, weil gestern Nacht noch eine Lampe beim Wiggerl kaputtgegangen ist. Und ein Fenster ist auch zertrümmert.« Ich will mir gar nicht erst ausmalen, was da bei diesem Wiggerl los war. Deshalb sage ich nur: »Also, Hand drauf, schwöre mir jetzt: nie wieder lügen!« Valerie gibt mir die Hand drauf. Alexa ist Zeugin und macht schmunzelnd ein Foto als Beweis. Dann verabschiedet sich Valerie, weil sie zu Hause Mathe-Nachhilfe hat.

»Bin mal gespannt, wie lange dieser Schwur hält«, sage ich zu Alexa, als wir die vergangenen 24 Stunden noch einmal Revue passieren lassen. »Sicher nicht für ewig«, erwidert Alexa augenzwinkernd und erzählt mir dann, dass sie – während ich geduscht habe – mit Valerie noch einmal über Tyron gesprochen hat. Alexa: »In der Nacht nach dem Frühlingsfest haben die zwei wirklich nur miteinander geredet. Da ist nichts gelaufen. Aber die beiden haben beschlossen, was ich sehr vernünftig für ihr Alter finde, dass sie gute Freunde bleiben wollen.« Ich erwidere: »Tja, manchmal kann Valerie auch schlau sein. Leider ist sie das nicht immer.« Anschließend höre ich von Alexa, dass es einen neuen Jungen gibt, den Valerie ganz interessant findet. Hoffentlich ist es nicht dieser Wiggerl.

VALERIES WAHRHEIT

Manchmal überraschst du mich – also ausnahmsweise mal positiv, Papa. Grins. Dass du das mit dem Wiggerl rauskriegst, hätte ich nie, nie, nie gedacht! Seitdem hat die Sonja auch voll Respekt vor dir. Was ich aber nicht kapiere: Warum darf ich bei einem Mädchen übernachten, bei dem zeitgleich auch Jungs übernachten, aber nicht bei einem Jungen, bei dem auch andere Mädels übernachten? Kannst du mir das bitte erklären?! Komplett unlogisch. Deshalb hab ich auch dein Theater nicht verstanden. Klar war es blöd von mir, aber das ist ja noch lange kein Weltuntergang. Und zu deiner Info: Am Wiggerl habe ich null Interesse. Der ist seit eineinhalb Jahren schwul.

15. KAPITEL

DIE KUBA-KRISE

Draußen scheint die spätherbstliche Sonne auf unseren Balkon, aber Valerie, Alexa und ich sitzen in der Küche und büffeln für die Schule. Übermorgen schreibt meine Tochter eine Kurzarbeit in Geschichte. Einziges Thema: die Kuba-Krise. »Da hast du mehr Schwein als Schweinebucht«, mache ich Valerie Mut, »das ist echt ein überschaubarer Stoff.« Vor meinem geistigen Auge sehe ich meine Tochter schon mit einer Zwei oder gar mit einer Eins jubelnd nach Hause kommen. Aber die ist erst mal verwundert, dass ihr Vater nur acht Tage vor Beginn der Kuba-Krise geboren wurde, und erklärt mal wieder wenig charmant: »Mann, Papa, du bist wirklich krass alt.«

Derart motiviert lege ich los, erkläre, warum Chruschtschow die Atomraketen auf Kuba stationieren wollte, warum Kennedy das nicht hinnehmen konnte und dass die Menschheit damals so dicht vor einem dritten Weltkrieg stand wie niemals davor oder danach. Wir reden über sowjetische Frachter und amerikanische Spionage-flugzeuge, den Kalten Krieg und atomare Overkill-Potenziale. Valerie schreibt fleißig mit und macht generell den Eindruck, als verstünde sie, worum es bei dem Konflikt ging. Irgendwann sagt sie unvermittelt: »Papa, du bist echt der klügste Mensch, den ich kenne. Du weißt das alles, ohne dass du irgendwo nachschauen musst. Du bist besser als Google.« Gerührt gebe ich ihr einen Kuss und sage: »Quatsch, ich interessiere mich halt ein bisschen für Geschichte. Von Mathe, Physik und Chemie habe ich so viel Ahnung wie du von der Fußball-Bundesliga.«

Als wir gegen Abend das Thema Kuba-Krise ausgiebig bespro-chen haben, will ich Valerie noch ein letztes Mal abfragen: »Wie hieß der amerikanische Präsident damals?« – »John F. Kennedy.« – »Wie hieß der sowjetische Regierungschef?« – »Fidel Castro.« Verständnislos blicke ich Alexa an, die mahnt Valerie mit ihrem Spitznamen: »Wurschti, konzentriere dich!« Meine Tochter: »Äh, nein, natürlich Nikita Chruschtschow.« Besorgt denke ich, dass so ein Aussetzer in der Kurzarbeit jeden Geschichtslehrer an den Rand des Wahnsinns bringen würde. »Valerie«, sage ich, »du kommst morgen Nachmittag wieder. Dann machen wir den ganzen Kram noch mal. Wenn's sein muss so lange, bis du die blöde Kuba-Krise auswendig vor und zurück singen kannst.« – »Aber Papa«, jammert Valerie, »morgen wollte ich mit den Mädels in den Englischen Garten gehen.« Ich, rigoros wie selten: »Keine Widerrede!«

Als Valerie uns verlässt, muss ich unfreiwillig lachen. Mein Gott, denke ich, ich höre mich schon an wie meine eigenen Eltern, als die mit mir vor Ewigkeiten für die Schule paukten. Am nächsten Tag kommt Valerie – logischerweise schlecht gelaunt – nachmittags wieder. Ich monologisiere in der Küche vor meiner Tochter weiter über die Kuba-Krise. Gemeinsam sehen wir uns diverse Karikaturen aus der damaligen Zeit an, die den »heißen Draht« zwischen Kennedy und Chruschtschow zum Thema hatten. Valerie versteht alles und ich bin mir so sicher wie noch nie, dass sie eine gute Note schreiben wird. Zur Belohnung gebe ich uns beiden eine Runde Hotdogs in dem neuen Imbiss um die Ecke aus. Dann macht sich Valerie gestärkt auf den Heimweg nach Neuhausen.

Am nächsten Tag rufe ich sie an, will wissen, wie es ihr mit der Arbeit ging. »Gut, Papa, ich hab alles gewusst«, sagt sie. »Es kamen genau die Fragen dran, die du mir gestern noch gestellt hast. Echt super, vielen Dank noch mal fürs Mitlernen!« Ich strahle, bin glücklich, dass es endlich schulisch bergauf geht. Eine Woche später ruft mich dann eine sehr kleinlaute Valerie an und beichtet mir, dass sie in Geschichte eine Fünf bekommen hat. Ich: »Das gibt's doch nicht! Jetzt krieg ich die Kuba-Krise! Komm heute noch mit der Arbeit zu uns, die will ich sehen.« Zwei Stunden später klingelt es an der Tür, Valerie betritt mit einem Miesepeter-Gesicht die Wohnung. Wortlos holt sie die Kurzarbeit aus ihrer Tasche und sagt: »Papa, du musst unbedingt mit dem Lehrer reden. Der ist so ungerecht.« Ich: »Lass uns erst mal die Arbeit anschauen.«

Die erste Aufgabe, denke ich, muss für Valerie ein Kinderspiel gewesen sein: »Erklären Sie die Vorgeschichte der Kuba-Krise.« Ich zu meiner Tochter: »Darüber haben wir doch bis zum Erbrechen geredet.« Dann lese ich den ersten Satz ihrer Antwort: »Bereits Ende der 1950er-Jahre stationierte die Sowjetunion Atomraketen in Italien und der Türkei.« Entgeistert sage ich: »Das waren die Amerikaner, die Aaamerikaner! Warum hätte die Sowjetunion Atomraketen in Italien, einem NATO-Land, und in der Türkei stationieren sollen? Um besser auf sich selbst schießen zu können?« Als ich im zweiten Satz lese, dass Valerie aus Chruschtschow kurzerhand Chruschtow gemacht hat, sage ich meiner Tochter: »Den Weg zu deinem Geschichtslehrer spare ich mir besser. Da ist die Fünf ja fast noch ein Wunder.«

Valerie rollen einige Tränen über die Wangen. Ich nehme sie in den Arm und sage: »Ich kapier zwar nicht, warum die Kurzarbeit so übel in die Hose gegangen ist, aber weinen musst du deshalb auch nicht. Weißt du, selbst wenn du das Schuljahr nicht schaffen solltest, geht die Welt nicht unter. Du bist doch die Jüngste in der Klasse.« Valerie wischt sich die Tränen aus den Augen und sagt: »Danke, Papa. Du bist der beste Papa der Welt.«

VALERIES WAHRHEIT

Meinst du, ich schreib freiwillig Fünfer? Natürlich nicht, Papa! Ich hätte auch lieber nur Einser! Schließlich würdest du mich dann auf jede Party lassen, ohne dass ich vorher tagelang betteln muss. Du würdest mir wahrscheinlich alles erlauben – allein deshalb lohnen sich gute Noten. Doch jeder Mensch hat mal Konzentrations-probleme – ich hab die halt dummerweise meistens in der Schule, wenn wichtige Arbeiten anstehen. Allerdings verstehe ich nicht, warum meine Mädels bessere Noten hatten, obwohl die viel weniger gelernt haben als ich. Das ist so ungerecht. Vor der Kuba-Arbeit hab ich extra viel Traubenzucker gegessen, weil du gesagt hast, dass Zucker hilft. Mir war davon nur schlecht. Ich hatte so etwas wie eine Konzentrations-Überdosis. Und ich musste vier Mal aufs Klo während der Arbeit. Der Lehrer dachte bestimmt, dass ich da einen Spicker versteckt hab. Danke fürs Lernen mit mir, aber deine tollen Traubenzucker-Tipps kannste dir in Zukunft sparen.

16. KAPITEL

DIE SILVESTER-RUINE

Seit gut zwei Wochen ist meine Tochter nicht mehr ansprechbar. Sie denkt nur noch an eines: die Silvester-Party! Zum ersten Mal in ihrem Leben will sie den Jahreswechsel in »einem richtig coolen Club« erleben, nicht in so einem Teenie-Laden. Weihnachten? Egal. Geschenke? Unwichtig. Zusammen mit Steffi, Sophie und Melli plant sie ihre ganz persönliche Nacht der Nächte generalstabsmäßig. Hohe Stiefel, Leggins und das Glitzer-Top mit den vielen Pailletten? Oder doch lieber Ballerinas, Strumpfhose, den kurzen Rock und die Wuschel-Jacke aus falschem Fell? Über diese Frage debattiert Valerie endlos mit Alexa. Ballerinas sind bequem, aber unsexy. Die hohen Stiefel sehen toll aus, aber bis zum Feuerwerk kann niemand in ihnen stehen. Das ewige Frauenproblem. Als Mann hat man es da manchmal leichter, denke ich.

Meine Verlobte hat zum Glück gute Nerven und spielt geduldig die Fashion-Ratgeberin. So höre ich aus dem Wohnzimmer, während ich den FC Bayern am Fernseher anfeuere, wie die Frauen in der Küche über das richtige Silvester-Make-up diskutieren. Alexa: »Versuch doch mal den knalligen metallic-grünen Nagellack. Der passt toll zu deinen braunen Haaren.« Valerie: »Meinst du? Grün mag ich eigentlich nicht so.« Valerie probiert den Nagellack trotzdem. Wenig später höre ich sie hysterisch schreien. Als ich in die Küche eile, sehe ich, warum sie so außer sich ist. Valerie ist grün, komplett grün, ihre Finger, Hände, ihr Gesicht. Ein schlimmer Schmink-Unfall, weil sie mal wieder nicht warten konnte, bis der Nagellack getrocknet ist. Alexa reicht Valerie immer neue Watte-Pads mit Nagellackentferner. Valerie kreischt: »Ich hasse Grün! Ich hab's immer gesagt: Grün ist die Hölle. An Silvester trage ich ganz klassisch Rot. Das soll doch Glück bringen, habe ich gehört.« Glück ist nie verkehrt, denke ich. In der Schule, beim Nägellackieren, immer.

Als Valerie endlich wieder entgrünt ist, frage ich: »Na, wisst ihr denn jetzt schon, wo's an Silvester hingehen soll?« Valerie selbstbewusst: »Ja, wir gehen ins Bubi. Kennst du doch, Papa.« Ich denke mir: Viel Spaß! Das Bubi ist ein kleiner Club, hat gerade die härteste Tür der Stadt und weder Valerie noch eine ihrer Freundinnen ist zumindest 16. Ach ja, und an Silvester möchte auch garantiert jeder Münchner unter dreißig in irgendeinen Club. Trotzdem wünsche ich – vom sportlichen Ehrgeiz meiner Tochter beeindruckt – viel Glück. Möge der rote Nagellack Wunder wirken.

Als der Silvesterabend endlich da ist, geschieht tatsächlich ein kleines Teenie-Wunder: Valerie und ihre Girlies entern geschlossen das Bubi. Sie sind früh dran, sehen alle süß und gleichzeitig erwachsen aus, sodass der Türsteher sie einfach durchwinkt. Enthusiastisch ruft Valerie mich an: »Papa, Papa, wir sind drin! Es war ganz einfach. Wir mussten auch gar keinen Eintritt zahlen. Also, das heißt, die Jungs schon, aber wir Mädels nicht. Saucool ist es hier! Die Farbe Rot bringt wirklich Glück.« Ich: »Glückwunsch! Habt einen schönen Abend. Wir telefonieren dann noch mal um Mitternacht. Abgemacht?« – »Abgemacht, Papa, ich bin sooo happy.«

Alexa und ich haben uns für eine weniger glamouröse Variante entschieden, feiern Silvester in diesem Jahr in einem leer stehenden Abbruchhaus um die Ecke, wo Bier und Sekt billig sind, die Gäste unaufgetakelt-entspannt und richtig gute Musik gespielt wird. Über rote oder grüne Nägel zerbricht sich hier niemand den Kopf. Stattdessen gibt es im Innenhof ein Lagerfeuer, die kunterbunte Gästeschar grillt Würstel und Steaks.

Eine Dreiviertelstunde vor Mitternacht klingelt mein Handy. Eine SMS von Valerie. Ich denke, dass sie in der ganzen Aufregung im Bubi den Zeitüberblick verloren hat und mir jetzt schon zu Silvester gratulieren will. Doch statt eines guten neuen Jahres schreibt sie: »Mein ganzes Silvester ist ruiniert.«

Um Gottes willen – ich mache mir Sorgen. Was ist denn da nur passiert?! Ich zeige die SMS Alexa. Im Ein-Minuten-Takt versuchen wir, Valerie zu erreichen. Doch, typisch Silvester, alle Handynetze sind schon jetzt völlig überlastet. Gerade als ich überlege, ins Bubi zu fahren, ist die Leitung frei und Valerie geht ans Handy. »Was ist passiert, du Arme?«, frage ich besorgt. Valerie schluchzt wie ein Wasserfall – und redet auch so: »Weil das Bubi am Anfang so leer war, sind wir noch mal rausgegangen, um eine Pizza zu essen. Als wir danach zurückkamen, hat uns der Türsteher nicht mehr reingelassen. Zu voll. Was sollen wir jetzt bloß machen? Steffi und ich stehen draußen in der Kälte rum, ich hab die Stiefel an und spüre meine Zehen schon kaum mehr. Papa, ich bin völlig fertig. Die Jungs wollen zu Mäggi gehen – aber um Mitternacht an Silvester im Mäggi, das geht gar nicht. Und Melli und Sophie haben so zwei Jungs an der Brücke getroffen und sind jetzt weg. Das ist echt der beschissenste Tag meines Lebens.« Ich: »Willst du mit Steffi herkommen? Hier ist es wirklich lustig. Kein Türsteher weit und breit.« Schweigen.

Klar, als Teenie will man nicht unbedingt mit seinem alten Papa Silvester feiern. Doch wenn die einzigen Alternativen ein Fast-Food-Lokal und eine Brücke sind, sollte man darüber noch mal kurz nachdenken. Das sieht Valerie offenbar ähnlich. Sie grübelt und grübelt. »In zwanzig Minuten ist Mitternacht«, bemerke ich. »Aber ihr könnt natürlich auch gerne mit Cola und Burgern bei McDonald's anstoßen.« Valerie schreit auf: »Niemals! Wir kommen zu euch!« Ich nenne die Adresse und wenig später kommt Valerie mit ihrer Freundin Steffi im Taxi vorgefahren. Beide sind irre aufgebrezelt, machen aber schon wieder einen halbwegs fröhlichen Eindruck. Als sie das Abbruchhaus sehen, staunen sie: »Boah, das schaut ja hart lässig aus!«

Ha!, denke ich ein bisschen stolz. Auch als Papa kann man sich in coolen Locations aufhalten. Die Mädels sind ein bisschen beschwipst und verschlingen gleich ein paar Grill-Würstel. Valerie und Steffi wärmen sich am Lagerfeuer und lachen, als mir ein Steak ungeschickt ins Feuer fällt. Um Mitternacht sehen wir das wohl schönste Feuerwerk der Stadt. Steffi unterhält sich angeregt mit einem Jungen, den sie spontan um 0 Uhr auf den Mund geküsst hat. Ich nehme Valerie und Alexa in den Arm, drücke sie fest an mich. »Danke, ihr habt mein Silvester gerettet«, sagt Valerie und gibt uns beiden einen Kuss. Wir sind gerührt. Der Raketenhimmel ist kunterbunt. »Du musst dir jetzt was wünschen, Valerie«, sage ich und bekomme in der Sekunde den Korken der Champagnerflasche ab, die Alexa gerade geköpft hat. Valerie kichert, ich muss auch lachen: »Ich glaube, dass mit der Farbe Rot zu Silvester solltest du noch mal überdenken. Aber ein Korken, der einem an die Nase knallt, der bringt richtig Glück.«

VALERIES WAHRHEIT

Einerseits liebe ich Silvester, andererseits ist es auch ein Horrortag. Was zieh ich an? Welcher Club ist der beste? Kommen auch alle rein? Wo sollte man um Mitternacht sein? Und so weiter. Die Erwartungshaltung ist bei allen so gigantisch, dass es ja nur schiefgehen kann. Die ganzen coolen Läden sind irre voll, die Getränke völlig frech überteuert – und irgendjemand hat immer eine noch viel bessere Idee, die jedes noch so super durchdachte Party-Konzept durcheinanderwirbelt. Seit diesem Silvester weiß ich, dass ich künftig an Silvester am besten nichts mehr erwarte – dann kann es nur fantastisch werden. Nächstes Jahr lasse ich alles entspannt auf mich zukommen. Da mach ich mich vorab nicht so verrückt, sondern entscheide spontan, wo ich hingehe. Ja, ich glaube, das ist ein guter Vorsatz.

17. KAPITEL

KEY PERSON

Als ich selbst ein Teenager war, zu einer Zeit, als vermutlich noch Neandertaler die Erde bevölkerten, war vieles anders. Wir verabredeten uns übers Festnetz-Telefon oder besuchten uns einfach auf gut Glück. Am Wochenende war es oft so, dass mein Zimmer voller Kumpels war, die alle quatschten und rauchten, während ich noch im Bett lag. Dann kam irgendwann meine Mutter mit miesepetrigem Gesicht in die kleine Räucherkammer, sagte, dass das Mittagessen jetzt fertig sei und ich endlich kommen solle. Nach dem Mahl nahm ich meist ein ausgiebiges Bad, zog mich an und dann am späten Nachmittag mit meinen Kumpels los.

Bei meiner Tochter und ihrer Clique ist es heute viel komplizierter. Sie verbringen Stunden damit, ihre Freizeit zu planen, anstatt sie einfach zu genießen. Wenn Valerie uns besucht, ist in so einem Fall nur wenig mit ihr anzufangen. Stumm starrt sie auf ihren Blackberry, schickt zahllose Facebook-Nachrichten an ihre Freunde und Freundinnen. Wo wollen wir uns treffen? Wann wollen wir uns treffen? Hat auch die Melli Zeit? Wenn die Melli nicht kommt, komme ich auch nicht. Und nein, zu Starbucks gehe ich nicht, ich bin grad pleite. Wenn ich meine Tochter beobachte, denke ich immer, dass das Leben ohne Mobiltelefone eigentlich viel schöner war. Ich frage sie: »Valerie, warum macht ihr's euch so schwer? Macht halt einfach einen Treffpunkt aus und geht dann alle hin.«

Selten hat mich Valerie vorwurfsvoller angesehen: »Papa, du kapierst mal wieder gar nichts. Ich bin jetzt Key Person. Ich muss mich um alles kümmern, um alles.« Ich verstehe tatsächlich nichts: »Was, bitte schön, ist eine Key Person? Trägst du die Schlüssel von allen?« Valerie: »Nein, natürlich nicht. Aber ich organisiere jetzt alles. Das dauert eben seine Zeit.« Erst einmal bin ich froh, dass meine Tochter einen Flatrate-Tarif für ihr Handy hat. Dann sage ich: »Aber das ist doch ultra-anstrengend. Lass das doch lieber die Melli machen oder die Steffi oder die Sophie.« – »Nein, auf keinen Fall. Key Person sein, das ist doch eine Ehre. Key Person ist nur, wer wichtig ist. Punkt!«

Dann taucht Valerie wieder in ihre Facebook-Welt ein, tippt schier endlos auf ihrer Handy-Tastatur herum. Nach einiger Zeit frage ich sie, was denn jetzt gerade so wichtig ist. Schließlich möchte ich auch gern mal mit meinem Kind reden, wenn es zu Besuch ist. Valerie erklärt's mir: »Also, Papa, nach dem Nerv-Abend im Bubi haben wir jetzt einen wirklich hart coolen Plan: Wir wollen alle ins P1 gehen.« Uff, denke ich, ausgerechnet das P1, wahrscheinlich Deutschlands berühmtester Club überhaupt. Dort feierten die Reichen und Schönen in den 1980er-Jahren rauschende Feste – legendäre Nächte wie die, als Waffen-Milliardär Adnan Kashoggi mit seinen 500 engsten Freunden den Champagner in Strömen fließen ließ.

Später wurde das P1 als »Wohnzimmer« von Bayern Münchens Ex-Torwart Olli Kahn bekannt. Aber eines, und das bereitet mir nun Sorgen, ist stets gleich geblieben: Vor dem Eingang steht Abend für Abend ein Schrank von Türsteher, der nie lacht, dafür immer furchteinflößend-grimmig schaut. Und an diesem Koloss will ausgerechnet meine Tochter mit ihren Girlies vorbei. Als ich Valerie meine Bedenken mitteile, antwortet sie nur knapp: »Papa, wir sind doch keine Babys mehr. Das klappt schon, wirst sehen. Außerdem bin ich die Key Person, ich organisiere das schon.« Ich denke an die Pleite mit dem Bubi, wünsche aber trotzdem Erfolg.

Als der Abend dann kommt, die Mädels haben sich natürlich stundenlang fürs Weggehen aufgebrezelt, steht eine Riesentraube von Menschen vor dem Eingang vom P1. Der Türsteher sieht noch bedrohlicher aus als sonst, besonders aus der Perspektive von noch nicht ganz ausgewachsenen Teenie-Mädels. Gnadenlos siebt er aus, wer rein darf und wer wieder abziehen muss. Valerie und die anderen verlässt plötzlich der Mut. Ohne es überhaupt versucht zu haben, nehmen sie Reißaus. Sie reden auch nicht mehr über den peinlichen Vorfall, sondern düsen mit der U-Bahn einfach möglichst schnell nach Hause. Valerie kommt zu Alexa und mir und beichtet kleinlaut ihre Niederlage: »Papa, ich hatte alles perfekt organisiert. Aber die anderen sind solche Feiglinge.«

Ich bin ja ein geduldiger Vater, aber in diesem Moment platzt mir der Kragen: »Valerie, jetzt ist Schluss mit dem dauernden Facebooken, Telefonieren, Organisieren, Weggehen und Dann-nicht-in-den-Club-Kommen. Ich enthebe dich hiermit hochoffiziell deines Postens als Key Person. Das kann zukünftig machen, wer will. Du konzentrierst dich jetzt wieder auf die Schule – Bio statt Bubi, Physik statt P1. Ist das bei dir angekommen?« Entgeistert blickt mich Valerie an, solche Ausbrüche gibt's bei mir nur selten. Aber das ganze Leben meiner fast 16-jährigen Tochter kann ja nicht nur eine einzige Party sein. Und dazu noch der ehrenamt-liche Job als Key Person. Charity machen doch nur Ladys, keine Teenies. Die Zeit der ewigen Planerei hätte sie außerdem mal besser mit Nachhilfe verbracht oder – meinetwegen – einem richtigen Job bei H&M oder einem Drogeriemarkt. Da gibt's wenigstens Geld fürs Arbeiten.

Valerie sagt schließlich: »Hm, wahrscheinlich hast du recht, Papa. Mir hat's am Ende auch keinen Spaß mehr gemacht, Key Person zu sein. Das ist echt anstrengend. Ein Knochenjob. Man kommt zu überhaupt nichts mehr.«

Als uns die ehemalige Key Person das nächste Mal besucht, über-raschen wir sie mit einem glitzernden silbernen Riesenschlüssel, den sie sich an ihren Schlüsselbund machen kann. »Hier, du Königin aller Key Persons«, sage ich. »Als kleines Andenken an eine Zeit, die ja nun zum Glück vorbei ist.«

VALERIES WAHRHEIT

Über ein Jahr habe ich darauf gewartet, endlich zur Key Person er-
nannt zu werden. Ich dachte immer, das müsste das Größte sein.
Dann war es echt nur nervig. Dauernd riefen mich die Leute an
und wollten hören, wann wir uns wo treffen. Ich war so was wie die
Telefonauskunft plus Internet. Auch wenn du es nicht verstehst,
Papa, aber es war schon gut, dass ich das mal gemacht habe. Das
gehört heutzutage dazu. So wie bei dir früher Jungs die Zeitung aus-
getragen oder Mädels gebabysittet haben. Hätte ich als Key Person
Geld bekommen, hätte ich es sicher länger durchgezogen. Aber so
bleibt mir nur ein ständig leerer Akku!

18. KAPITEL

ZU MIR ODER ZU DIR?

Ein Wunder: Es ist Samstag und meine Tochter will nicht Party machen. Stattdessen beschließen Alexa, Valerie und ich spontan, Alexas Eltern zu besuchen, die in einem Münchner Vorort wohnen. Sie haben sich gerade einen süßen Hund zugelegt, den Valerie heiß und innig liebt. Als wir klingeln, Alexas Mutter die Tür öffnet, kommt Golden-Retriever-Baby Leo schon um die Ecke geschossen und springt an Valerie hoch. Zum Abendessen machen wir eine köstliche Gemüse-Pasta, die noch köstlicher schmeckt, als Alexas Vater und ich sie für uns mit Speck verfeinern. Danach setzen wir uns alle mit einem Glas Wein ins Wohnzimmer und quatschen. Leo legt sich auf Valeries Füße und schläft sofort selig ein.

»Ich muss euch was erzählen«, sagt Valerie, die an ihrer Apfel-schorle nippt. »Mir ist kürzlich in einem Café in Schwabing etwas Verrücktes passiert.« – »Was denn?«, will ich wissen. »Also, ich saß da bei einem Zimt-Cappuccino und habe auf die anderen Mädels gewartet. Plötzlich kommt eine junge Frau, vielleicht so zwanzig Jahre alt, und setzt sich zu mir an den Tisch. Wir kommen ins Gespräch. Sie sagt, dass sie schon studiert, Bauingenieur, glaube ich. Nach einiger Zeit fragt sie mich dann, ob ich Frauen mögen würde.« – »Und? Was hast du geantwortet?«, will Alexas Mutter wissen. »Ich hab am Anfang gar nicht gecheckt, was die will, und hab gesagt, dass ich natürlich Frauen mag. Ist doch ganz normal. Ich mag ja auch meine Freundinnen.«

»Wie ging's weiter?«, frage ich. Etwas verlegen druckst Valerie rum: »Na ja, dann hat sie mich gefragt, ob wir jetzt nicht vielleicht zu ihr oder zu mir gehen wollen.« Überrascht blicken wir alle Valerie an. In dem seit ihrer Beziehung mit Superskater Tyron sicheren Wissen, dass meine Tochter nicht lesbisch ist, forsche ich weiter: »So direkt hat sie dich das gefragt? Das ist mir im ganzen Leben noch nicht passiert, dass mich eine Frau so forsch an-gequatscht hat. Die Zeiten haben sich echt geändert. Wie ging die Geschichte aus? Bist du etwa mit zu ihr gegangen?« Valerie knufft

mich lachend in die Seite. »Ach, Papa, natürlich nicht. Ich hab gesagt, dass ich mit meinen Freundinnen verabredet bin und grad keine Zeit habe. Dann haben wir die Telefonnummern getauscht und sie hat gesagt, dass sie sich demnächst mal bei mir melden will. Aber das hat sie bisher noch nicht getan.« Ich frage leicht irritiert: »Und was würdest du machen, wenn sie's doch noch tut?« Valerie: »Vielleicht würde ich sie wirklich treffen, auch wenn ich garantiert nicht auf Frauen stehe. Die ist echt nett, nicht so eine komische Kampflesbe. Im Gegenteil: Sie ist hübsch, schminkt sich, kauft bei Zara ein. Wär nur blöd für sie, wenn sie sich in mich verlieben würde. Dann würde sie mir leidtun, weil ich dafür ja nichts kann, aber trotzdem schuld bin.«

Dann fragt mich meine Tochter plötzlich unverblümt: »Papa, wie wäre es für dich, wenn ich lesbisch wäre?« Alexa und ihre Eltern sehen mich neugierig an. Gute Frage. Ich muss schlucken. Dann überlege ich kurz und erwidere: »Für mich ist die Hauptsache, dass du im Leben glücklich bist. Da ist die sexuelle Ausrichtung, glaube ich, nicht so wichtig. Ich kenne viele total nette, lustige Schwule und Lesben.« Was wiederum kein Wunder ist, wohnen Alexa und ich doch im Glockenbachviertel, wo es nicht nur viele schwul-lesbische Lokale und Straßenfeste gibt, sondern sogar einen pinken Weihnachtsmarkt. Valerie sagt: »Stimmt, das sehe ich genauso. An meiner Schule sind auch ein paar lesbische Mädchen. Und auf der Nachbarschule sind sieben Schwule. Die gehen ganz offen damit um. Da kenne ich viele heterosexuelle Jungs und Mädels, die viel verklemmter sind.«

Dann ergänzt sie noch: »Ach ja, einen schwulen Walker hätte ich übrigens gern.« – »Zu oft *Sex and the City* gesehen?«, fragt Alexa lachend. »Nein, aber ich fände das echt cool«, antwortet Valerie. »Da gibt's diesen komplizierten Kram nicht, der das Leben zwischen Mädchen und Jungs so nervig und kompliziert macht. Bei einem Schwulen ist doch alles klar: Der will nichts von mir und ich nichts von ihm. Wir könnten zusammen ins Café gehen, ins

Museum oder endlos über Mode reden. Außerdem sind schwule Männer meist die lustigeren. Die reden mehr und finden es nicht schlimm, wenn man als Mädel auch viel quatscht. Ein schwuler Mann ist der perfekte Freund. Wiggerl wäre gut, aber der hat keinen Bock auf Walken, der will nur neue Jungs kennenlernen.« Vor meinem geistigen Auge sehe ich schon, wie Valerie mit einer Art bayerischem Stanford Blatch, dem schwulen Walker von Carrie Bradshaw in *Sex and the City*, durch München stolziert. Beide mit rosa Handtaschen am Arm.

Alexa stimmt Valerie zu: »Ich freue mich auch jedes Mal wie verrückt, wenn ich zum Friseur gehe. Die ganzen aufgedrehten Schwulen da, der Prosecco und die lustigen Gespräche. Zum Schlapplachen! Normalerweise dauert ein Besuch zwei Stunden, aber ich bin meist doppelt so lange da, weil wir uns verquatschen. Das nächste Mal musst du unbedingt mitkommen.« Valerie ist begeistert und ich bekomme Sorgenfalten ob der gepfefferten Preise in Alexas Lieblingssalon. Auf der Heimfahrt, nachdem wir uns gebührend von Alexas Eltern und Hündchen Leo verabschiedet haben, denke ich, dass meine kleine Tochter gar nicht mehr so klein ist. Jedenfalls hat sie durchaus erwachsene Ansichten, was das Thema Homosexualität betrifft. Nicht spießig oder verklemmt, sondern offen und ohne Vorurteil – und das ist auch gut so.

VALERIES WAHRHEIT

Lesbisch, schwul – na und? Da verstehe ich die älteren Leute nicht. Viele machen so ein Geheimnis darum oder wollen zumindest nicht drüber reden. Als ich zwölf war, hat sich der erste Junge von der Nachbarschule geoutet, und das fand niemand krass. Das ist so wie: Oh, morgen soll es regnen. Mei, so etwas passiert halt mal, beziehungsweise in Deutschland ja ständig. Es gehört einfach dazu, kein Grund zur Panik. Ich kann mir gar nicht richtig vorstellen, dass das zu deiner Zeit, Papa, noch so ein No-Go war. Das finde ich schade. Und deshalb bin ich auch froh, in dieser Zeit zu leben. Nicht nur wegen Internet, Smartphones, DVDs, FB und Privatsendern (wie schlimm muss das Leben mit nur einem TV-Kanal gewesen sein?!), sondern auch, weil wir keinen Zirkus mehr um stinknormale Sachen machen.

19. KAPITEL

HUCH, EIN BUCH!

»Du bist ja kompliziert!
Ständig laberst du mich voll,
dass ich ein Buch lesen soll.«

mmer nur in der Stadt hocken ist auch langweilig auf die Dauer. Also machen wir einen Ausflug, und zwar an den schönen Starnberger See. Mit dem Auto fahren Valerie und ich nach Feldafing. Hier lebte der berühmte Lothar-Günther Buchheim, Autor des Weltbestsellers *Das Boot*, der Anfang der 1980er-Jahre so spektakulär verfilmt wurde. Ich versuche, Valerie ein bisschen für deutsche Geschichte zu begeistern, und erzähle ihr von dem harten Leben und der ständigen Angst der U-Boot-Fahrer im Zweiten Weltkrieg. Aber Valerie winkt nur ab und sagt: »Och, Papa, hör bitte mit dem alten Kram auf. Das nehmen wir schon in der Schule durch.« Leicht geschockt über das offensichtliche Desinteresse meiner Tochter schlage ich vor, in ein Café zu gehen und etwas Warmes zu trinken. Schließlich ist es Winter und die Temperaturen bewegen sich um den Gefrierpunkt.

An unserem Nebentisch sitzt ein junger Mann, ein Buch in der Hand. Er sieht gut aus und liest die *Buddenbrooks* von Thomas Mann. Spontan schießt mir eine Frage durch den Kopf: »Valerie, was liest du denn gerade eigentlich so?« Meine Tochter sieht mich entgeistert an. »Papa, das letzte Buch, das ich gelesen habe, war doch *Generation Geil*. Erinnerst du dich nicht mehr?« – »Doch«, antworte ich, »aber das ist schon eine halbe Ewigkeit her. Und seitdem?« Valerie trocken: »Nix!« Mir ist ja klar, dass Eltern auch einen Bildungsauftrag für ihre Kinder haben. Deshalb frage ich mich, was Teenie-Mädchen in Valeries Alter eigentlich so lesen. Nach kurzer Überlegung muss ich feststellen, dass ich keinen blassen Schimmer habe.

Zu meiner Zeit war es so, dass pubertierende Jungs die Abenteuer-Romane von Jack London oder Mark Twain verschlungen haben, ein bisschen später dann Ernest Hemingway oder die Krimis von Raymond Chandler. Was aber lesen Teenie-Mädels heutzutage? *Bunte*, *InStyle*, *Gala*? Ich frage Valerie, die aber nicht reagiert, weil sie nur Augen für den Gutaussehenden am Nebentisch hat. Ich erinnere mich an den letzten Frühlingsfest-Besuch mit Valerie

und ihrer Girlie-Gang. Da kam Henry, ein Junge aus ihrer Clique, zu uns an den Tisch, stellte sich artig bei Alexa und mir vor und gab uns dann ungefragt zwanzig Minuten lang Literatur-Tipps. Er sagte Sätze wie: »Also bei mir liegt gerade Robert Musils *Mann ohne Eigenschaften* auf dem Nachttisch.« Oder: »Davor habe ich *Homo Faber* von Max Frisch gelesen, ein tolles Buch.«

Abgesehen von Henrys offensichtlicher Vorliebe für Schweizer Schriftsteller muss ich feststellen: Es gibt Menschen in Valeries Alter, die doch noch lesen. Warum meine Tochter nicht? Ich hake nach: »Valerie, du hast doch Interesse an vielen Dingen. Kürzlich hast du Alexa und mich regelrecht ausgequetscht, wolltest wissen, wie wir die deutsche Wiedervereinigung erlebt haben.« – »Schon, Papa, weil ich da noch nicht auf der Welt war und das Ganze noch nicht sooo lange her ist.« Ich: »Aber dann kannst du ja mal in die Stadtbibliothek gehen. Die ist bei dir gleich um die Ecke. Zu dem Thema gibt's wirklich viele Bücher.« Valerie: »Okay, Papa, das mache ich. Versprochen!«

Wir zahlen unseren Kaffee und brechen zu einem ausgedehnten Spaziergang am Starnberger See auf. Valerie fragt mir Löcher in den Bauch, weil sie plötzlich alles über die Anschläge auf die Twin Towers am 11. September 2001 wissen will. Da war sie zwar schon auf der Welt, aber zu klein, um sich an Details zu erinnern. Ich erzähle ihr von den verrückten Attentätern und dass viele von ihnen in Hamburg, Valeries Geburtsstadt, studiert haben. Valerie ist erstaunt und fragt: »Warum hat denn keiner gemerkt, dass die so gefährlich waren?« Ich antworte: »Weil die sich geschickt angestellt haben. Außerdem hat niemand geglaubt, dass jemand Flugzeuge entführen würde, um mit ihnen in Wolkenkratzer zu fliegen.« Wir reden auch auf der Rückfahrt in die Stadt nonstop über 9/11. Als ich Valerie bei ihr zu Hause abliefere, sagt sie: »Papa, das war heute ein richtig interessanter Nachmittag.«

Ein paar Tage später besucht Valerie Alexa und mich. Ich sehe zu meiner großen Freude, dass aus ihrer Handtasche ein Buch hervorlugt. »Also warst du tatsächlich in der Stadtbibliothek und hast dir ein Buch ausgeliehen. Worum geht's? Die Wiedervereinigung?« – »Nein, Papa, ich habe mir *Wir Kinder vom Bahnhof Zoo* geholt. Voll das krasse Buch. Sophie hat's mir empfohlen. Sie hat gesagt, wenn man das nicht gelesen hat, dann versteht man das Leben nicht.« – »Aha«, sage ich, »das ist zwar ausgemachter Quatsch, aber wenn's dich interessiert, dann lies es ruhig.« Trotzdem reden wir den ganzen Abend über Christiane F. und die schrecklichen Folgen ihrer langen Heroinsucht und wie gefährlich Drogen generell sind. Als Valerie uns verlässt, habe ich ein flaues Gefühl im Magen. *Wir Kinder vom Bahnhof Zoo* ist nicht gerade die Lektüre, die ich mir für meine Tochter erträumt hatte.

VALERIES WAHRHEIT

Du bist ja kompliziert! Ständig laberst du mich voll, dass ich ein Buch lesen soll. Dann lese ich endlich eins – und es passt dir wieder nicht! Da soll noch einer durchschauen, Papa! *Wir Kinder vom Bahnhof Zoo* lesen alle meine Freunde. Klar ist es ziemlich Hardcore, aber bei *Kabale und Liebe*, was wir in Deutsch gelesen haben, geht es auch nicht grad viel netter zu – soweit ich das richtig verstanden habe. Die betrügen sich, sperren sich weg und Tote gibt es, glaub ich, auch. Also warum soll dann Christiane F. ein schlimmeres Leben gehabt haben? Du brauchst wirklich keine Angst zu haben, dass ich irgendwas an ihr toll finde. Um Himmels willen – nein! Das hat mich voll mitgenommen, die arme Frau. Außerdem wäre es dir sicher auch nicht lieber, wenn ich nur noch heitere Comics mit Happy End lesen würde.

20. KAPITEL

DER ANTI

n Wahrheit heißt er ja Franz, aber alle nennen ihn nur den Anti. Das kommt daher, dass er gegen praktisch alles ist und – fast – alle Menschen für Deppen hält. Schauspieler sind für ihn »Gesichtsverleiher«, Politiker nennt er »Arbeitsverweigerer« und Ärzte bezeichnet er als »Kurpfuscher«. Gerne beschimpft er harmlose Passanten als »Hybridfahrer«. Mögen tut er eigentlich nur die Spieler vom FC Bayern, und auch die nur, wenn sie ihre Spiele mit mindestens drei Toren Vorsprung gewinnen. Ich kenne den Anti, seit ich 15 war, also gut ein halbes Menschenleben lang. Damals sind wir in einem schmalen Gässchen mit unseren Mofas aufeinander zugeknattert, keiner wollte nachgeben, also ausweichen, und es hat einen schrecklichen Rums gemacht, als wir aufeinanderknallten. Seitdem mögen wir uns, sehen uns immer wieder, mal häufiger, mal seltener.

Heute ist der Anti praktisch der Nachbar von Alexa und mir. Wir treffen uns oft zufällig auf der Straße oder – so wie heute – in einem der urigen Gasthäuser unseres Viertels. Als der Anti das Lokal betritt, erkenne ich sofort, dass irgendetwas nicht stimmt mit ihm. Er blickt noch griesgrämiger drein als sonst. Natürlich kommt er schnurstracks zu uns an den Tisch und nimmt unaufgefordert Platz. Und er beginnt sofort, sich in Rage zu reden. Der Anti schimpft über hohe Mietpreise und den niedrigen IQ der netten älteren Dame aus der Nachbarschaft, die man regelmäßig mit ihrem Pudel beim Gassigehen trifft. Alexa wirft ein, dass man mit der Frau doch ganz nett plaudern könne. Aber der Anti ist da anderer Meinung: »Die hat mein Auto zerkratzt, da bin ich ganz sicher. Die blöde Kuh!«

Es ist kurz vor Mitternacht und damit kurz vor dem verabredeten Zeitpunkt, an dem Valerie von ihrer Party zum Übernachten kommen wollte. Wissend, dass meine Tochter die Art vom Anti nicht wirklich schätzt, frage ich ihn: »Wollen wir's nicht für heute gut sein lassen? Valerie kommt gleich. Die ist sicher hundemüde von ihrer Party.« Aber der Anti denkt gar nicht daran, den Abend zu beenden. Im Gegenteil: Jetzt pöbelt er über unseren gemeinsamen Freund Klaus, der vor vielen Jahren ins Ausland gezogen ist, aber immer wieder gern zu Besuch nach München kommt. »Der hat sich blöd gesoffen in Südafrika, mit dem kann man nix mehr anfangen«, urteilt der Anti kategorisch. Ich frage ihn, welche Laus ihm heute über die Leber gelaufen sei. »Die Sandra hat mit mir Schluss gemacht«, erklärt der Anti, »einfach so, aus heiterem Himmel. Ich hab wirklich sooo einen Hals auf alle Frauen.«

Plötzlich geht die Tür des Lokals auf und Valerie erscheint. Alexa und ich begrüßen sie, Bussi links, Bussi rechts. Valerie bestellt Apfelschorle und setzt sich zu uns an den Tisch. »Wie war die Party?«, will ich wissen. »Och, Papa, geht so. Nichts Besonderes. Der Nick und der Ollie haben aufgelegt, das sind gerade die besten Normalo-DJs der Stadt. Aber die anderen Leute waren doof.« Ich: »Was, bitte, sind Normalo-DJs?« Valerie: »Na ja, die machen halt ganz normale Musik, nicht so Techno-Kram oder so.« Da wirft der Anti unvermittelt ein: »Valerie, wenn du meine Tochter wärst, dann würdest du schon längst im Bett liegen.« Valerie schlagfertig: »Zum Glück bin ich nicht deine Tochter. Mein Papa ist der da.« Sie deutet mit dem Zeigefinger auf mich. Alexa fragt, ob es nicht besser sei, jetzt nach Hause zu gehen.

Da unterbricht sie der Anti plötzlich und fängt an, kryptisch zu fragen: »Sag mal, Valerie, kennst du deinen Vater eigentlich?« Verwirrt blickt mich meine Tochter an. Ich sage: »Natürlich kennt sie mich, und zwar seit sie ihren ersten Atemzug genommen hat. Was soll diese Schwachsinnsfrage?« Der Anti sieht mich an: »Ich wollte einfach nur wissen, ob deine Tochter dich wirklich kennt.« Gut, denke ich mir, der Anti und ich haben in unserer Jugend eine ganze Menge Quatsch gemacht, aber wir haben niemanden umgebracht oder sonst was Kriminelles angestellt. Was dem Anti da durch den Kopf geht, warum er mein Teenie-Töchterchen so verunsichert, kapiere ich nicht. Also lege ich ihm nahe, unseren Tisch

zu verlassen. Und zwar sofort. »Also, du sagst mir jetzt echt, dass ich verschwinden soll?«, fragt der Anti. »Ja«, sage ich, »und du weißt auch ganz genau, warum ich das tue.« Schnaufend schnappt sich der Anti seinen Dufflecoat, verlässt die Gaststätte und stiefelt grußlos in die Nacht.

Am nächsten Morgen, es ist Sonntag, kommt Valerie im Pyjama zu Alexa und mir ins Schlafzimmer und legt sich zwischen uns ins Bett. »Na, Kleine, hast du gut geschlafen?« Sie: »Ja, Papa, hab ich. Aber ich hab ziemlich seltsame Sachen geträumt. Ich hab da mal eine Frage: Warst du schon mal im Gefängnis?« Ich: »Bitte?« – »Na ja, weil der Anti gestern so komisches Zeug erzählt hat.« – »Nein, ich war nie im Gefängnis«, sage ich lachend und versuche, sie zu beruhigen, indem ich sie in den Arm nehme. »Aber warum erzählt der Anti dann so schräge Dinge?«, will Valerie wissen. »Du kennst ihn doch«, versuche ich, das Verhalten meines Freundes zu erklären, »der Anti ist ab und zu ein bisschen strange. Außerdem hat ihn seine Freundin verlassen. Warum er das gemacht hat, weiß ich allerdings auch nicht. Ich will's auch gar nicht wissen. Fest steht: Bis auf Weiteres hat der Anti jetzt erst einmal Besuchsverbot. Wahrscheinlich ist er nur neidisch, weil wir uns alle so gut verstehen. Weißt du, auch unter Erwachsenen gibt es leider ein paar schwarze Schafe.«

VALERIES WAHRHEIT

Der Typ hat echt einen an der Klatsche. Papa, auch wenn du (zum Glück) nicht auf Facebook bist, solltest du dich schleunigst von ihm »entfreunden«, wie wir da sagen. Der tickt nicht ganz richtig und hat mich mit seinen Kommentaren wirklich verunsichert. Ich mein, wer kann dich besser kennen als ich? Erwachsene sind schon komische Menschen. Die tun immer, als wären sie so reif und schlau, dabei sind einige total durch den Wind. Ich hoffe, dass von meinen Freundinnen und Freunden später niemand so seltsam wird. Bei uns gibt es ja auch Leute mit Liebeskummer, aber das ist noch lange kein Grund, andere fertigzumachen. Ich will den Typen jedenfalls bitte nicht mehr sehen. Das kann ich dir auch nur raten. Wenn jemand schon Anti heißt, sagt das doch alles. Befreunde dich lieber mit Typen, die Pro heißen.

21. KAPITEL

ELTERNABEND
CON PROSCIUTTO

Er gehört zu diesen Dingen, vor denen man nicht gewarnt wird, bevor man Vater wird: der Elternabend. Ich glaube, dass selbst Produzenten von kleinen Schul-Genies wenig Spaß daran haben, zwischen 17 und 21 Uhr den eisenharten Lehrer-Marathon zu absolvieren – entweder von einem Klassenzimmer ins nächste hetzen oder gähnend lange Wartezeiten absitzen. Noch weniger Freude hat man, wenn sich die eigene Tochter nicht gerade in ihrer Vollstreber-Phase befindet. Entsprechend durchwachsen ist meine Laune, als ich an diesem kalten und nebligen Winterabend Richtung Valeries Schule stapfe.

Dort angekommen, freue ich mich zwar über die wohlige Wärme in der Aula und die süßen Unterstufen-Mädels, die gleich neben dem Eingang selbst gebackenen Kuchen und Limonade verkaufen. Aber schon Sekunden später holt mich der übliche Elternabend-Horror ein: Zwei Alternativ-Mamis mit rot gefärbten Haaren unter ihren gehäkelten Peru-Mützchen rennen mich beinahe über den Haufen. Statt sich für den Rempler zu entschuldigen, reden sie wild gestikulierend weiter. Die eine: »Also ich hab meine kleine Apple zu ihrem ersten Töpferkurs angemeldet.« Die andere: »Wirklich? Das ist aber interessant. Ich geh mit Cheyenne nächsten Monat zum Kinder-Yoga.« Während ich mich noch frage, warum Menschen ihre Kinder nach Obstsorten oder Indianerstämmen nennen, tun mir ihre Töchter unbekannterweise richtig leid.

Ich bahne mir den Weg durch Horden von Müttern, die ihrer Kleidung nach allesamt ausschließlich in Dritte-Welt-Läden einkaufen. Meine erste Station hat's gleich in sich: Herr Mayr, Mathe und Physik! »Ich bin der, ähm, äh, Vater von Valerie«, stelle ich mich schüchtern vor, während ich Herrn Mayr die Hand schüttele. »Nehmen Sie doch Platz, Herr Hagen. Also eines sage ich besser gleich: Ihre Tochter muss jeden Tag selbstständig eine Stunde Mathematik lernen. Sonst wird das nichts in der zehnten Klasse.« Ich muss schlucken und daran denken, dass Valerie mich wahrscheinlich erschießt, wenn ich ihr diese Botschaft überbringe.

Weiter geht es endlose, im Neonlicht gleißend helle Gänge entlang: Englisch, Französisch, Biologie, Sport (wieso habe ich diesen Termin eigentlich gemacht?), Sozialkunde, Deutsch, Geschichte. Während einer kurzen Verschnaufpause stelle ich zu meinem Schrecken fest, dass ich zwischen meinem vorletzten Termin, Wirtschaft, und dem letzten, Chemie, volle zwei Stunden Zeit habe. Ich beschließe, spontan und ganz wie früher, auf der Toilette eine Beruhigungszigarette zu rauchen. Komischerweise habe ich dabei kein schlechtes Gewissen. Im Gegenteil, die Zigarette schmeckt ganz vorzüglich. Danach mache ich mich auf Richtung Raum 137, wo Chemielehrer Schulze an diesem Abend Hof hält.

Nach zehn Minuten des Wartens verspüre ich ein leichtes Hungergefühl. Hätte ich mir zu Beginn des Elternabends doch nur ein Stück Kuchen gegönnt, denke ich. Dann fällt mir die Lösung ein: Wieso nicht einfach eine Pizza bestellen? Ich wähle die Nummer vom Lieferservice meines Vertrauens. »Eine Pizza Prosciutto ins Elsa-Brandström-Gymnasium, erster Stock, Raum 137, bitte. Und unbedingt schon geschnitten«, lautet meine Bestellung. »In die Schule?«, fragt der Typ mit dem türkischen Akzent am anderen Ende der Leitung ungläubig. »Klar«, sage ich, »heute ist Elternabend. Und ich habe Hunger.« Er: »Okay, Mann, geht ab! Zwanzig Minuten ungefähr.« Tatsächlich kommt die Pizza pünktlich und warm. Der Lieferservice-Mann grinst nonstop, während ich bezahle. Die wenigen verbliebenen Mütter starren mich dagegen an, teils streng tadelnd, teils offen neidisch.

Gerade als ich mir das zweite Stück Pizza in den Mund stopfe, kommt der Hausmeister im Blaumann vorbei. »Gibt's hier eigentlich auch was zu trinken?«, frage ich. Er sieht mich belustigt an und sagt: »Mal sehen, was ich da machen kann.« Nur eine Minute später erscheint er wieder, zwei kühle Flaschen Bier in der Hand. »Auch ein Stück Pizza?«, frage ich den fabelhaften Hausmeister. Er setzt sich zu mir und wir plaudern über die üble Niederlagen-Serie des FC Bayern und warum das auch in dieser Saison mit der

Champions League nichts werden wird. Angesichts von so viel Männer-Krams wie fettiger Pizza, Bier und Fußball drehen sich die Alternativ-Mamis jetzt kollektiv angewidert weg.

Plötzlich zuckt der Hausmeister zusammen. Als ich mich umdrehe, erkenne ich auch sofort wieso: Der Direktor kommt mit schnellen Schritten und stechendem Blick direkt auf uns zu. Der Hausmeister sagt leicht stotternd: »Also, Herr von Landsberg, ich wollte sowieso gerade Feierabend machen. War ja ein langer Tag.« – »Quatsch, Huber, Sie holen mir jetzt auch ein Bier und dann gehen wir zu mir ins Büro. Ist gemütlicher«, ordnet der Direktor an. Da ich immer noch fast eine Stunde Zeit habe, freue ich mich über die vielleicht ungewöhnlichste Einladung meines Lebens. Auf dem Weg in sein Büro fragt mich Herr von Landsberg: »Können Sie Skat?« Ich: »Klar, hab zwar lange nicht gespielt, aber warum nicht.« Nach einigen Partien Kontra, Re und Bock – Hausmeister Huber ist unschlagbar – verabschiede ich mich höflich von meinen Gastgebern. Weitere zwanzig Minuten später, voller Ermahnungen von Chemielehrer Schulze, verlasse ich Valeries Schule endlich. Ich fühle mich geschafft wie nach einem harten Arbeitstag. Andererseits, denke ich mir, sind viele der Lehrer, die meine Tochter immer als anstrengend beschreibt, eigentlich ziemlich cool. Cooler jedenfalls als die Mütter ihrer Mitschülerinnen.

VALERIES WAHRHEIT

Ha, das sollte ich auch mal machen – mir eine Pizza in den Unterricht bestellen. Ich glaub, das fändest du nicht so witzig, stimmt's, Papa?! Eigentlich ungerecht, dass sich Eltern so viel rausnehmen können. Ich hätte für die Aktion sicher einen verschärften Verweis bekommen. Und du? Trinkst Bier und spielst mit unserem Direktor Skat! Krass! Das glauben mir meine Freundinnen bis heute nicht. Wir kennen unsere Lehrer, nun ja, eher anders. Mit uns wollen die nie Monopoly oder so spielen. Das einzig Coole haben wir am Wandertag gemacht – da sind wir auf das Oktoberfest gegangen, also gewandert.

22. KAPITEL

PRATER-KATER

Durch München fließt bekanntlich die Isar. Und mitten in der Stadt, direkt gegenüber vom Deutschen Museum, teilt die Praterinsel den Fluss. Auf diesem Eiland finden seit Jahren die wildesten Teenie-Open-Air-Partys Münchens statt. Eltern, die hören, dass ihre Söhne oder Töchter dort feiern, zucken unweigerlich zusammen und befürchten gleich das Schlimmste. Natürlich sind Valerie und ihre Mädels Stammgäste auf den Prater-Partys. An diesem Frühlingsabend haben sich meine Tochter und ihre besten Freundinnen Melli, Steffi und Sophie mal wieder prächtig gestylt. Aufgekratzt und in Vorfeierlaune ruft mich Valerie an: »Du, Papa, wir gehen heute auf die Prater, da ist Boom-Box-Party.« – »Wie schön«, antworte ich, »aber da treibt sich doch so viel Gesindel rum. Muss das wirklich sein?« Valerie: »Zu spät, Papa. Die Mama hat's schon erlaubt. Kann ich dann bei euch schlafen? Ist doch gleich um die Ecke.« Ich gebe unvorsichtigerweise klein bei und sage: »Na gut. Hab viel Spaß und pass verdammt noch mal auf dich auf!«

Als ich Alexa von Valeries Prater-Plan erzähle, verdreht sie sofort die Augen. »Das wird noch eine anstrengende Nacht. Erinnere dich an meine Worte«, sagt sie orakelhaft. Alexa und ich sitzen entspannt im Wohnzimmer auf dem Sofa, knabbern Chips und schauen uns einen alten *Tatort* im Fernsehen an, als kurz vor Mitternacht mein Handy klingelt. Natürlich Valerie. Allerdings mit einer so hysterischen Stimme, wie ich mein Kind seit Babyzeiten nicht mehr habe schreien hören. »Papa, Papa, wir sind ausgeraubt worden. Mein iPod ist weg und das Portemonnaie. Wir haben die Polizei gerufen.« – »Ganz langsam, beruhige dich erst mal«, sage ich in Sorge um Valerie und in dem Wissen, dass meine Tochter mit 15 eigentlich längst zu Hause sein müsste.

»Soll ich dich abholen, Süße?«, will ich von Valerie wissen. »Nein, Papa, passt schon. Wir reden noch schnell mit der Polizei, dann nehme ich ein Taxi zu euch. Okay?« – »Klar«, antworte ich, »beeil dich!« Eine halbe Stunde später kommt Valerie mit dem

Taxi, das natürlich ich bezahle. Meine arme Tochter zittert immer noch vor Aufregung. Ich mache ihr zur Beruhigung einen Pfefferminztee. »Jetzt erzähl mal, was passiert ist«, sagt Alexa. Valerie: »Also, wir saßen alle da, so zwanzig Leute, im Kreis und haben unsere ganzen Taschen in die Mitte vom Kreis gelegt. Dann bin ich mit Melli, Sophie, Steffi und ein paar Jungs woanders hingegangen. Als wir zurückkamen, waren die Taschen entweder komplett weg oder die teuren Sachen rausgeklaut.«

Pädagogisch wertvoll frage ich Valerie, ob es so wahnsinnig schlau sei, seine Handtasche auf einer Party mit mehreren Hundert Teenies unbeaufsichtigt zu lassen. Valerie nimmt einen Schluck Tee und erwidert: »Da waren ja noch andere Freunde von uns, die auf die Sachen aufgepasst haben. Aber die sind dann anscheinend auch woanders hingegangen.« Ich: »Okay. Habt ihr denn eine Ahnung, wer die Sachen gestohlen hat?« Valerie: »Ja, das waren ein Mädchen und zwei Jungs. Das Mädchen hat die Sachen in einen großen schwarzen Sack gestopft und die Jungs haben aufgepasst, dass sie niemand dabei stört. Dann sind die drei abgehauen und wir haben sie verfolgt. Aber in einem Tunnel haben sich die Jungs vor uns aufgebaut und uns bedroht. Das Mädchen ist in der Zeit weitergerannt. Bis die Polizei kam, waren dann auch die Jungs verschwunden.«

»Mensch, Valerie, das klingt alles wie aus einem Gangsterfilm. So einen Quatsch wie die Diebe zu verfolgen, das machst du bitte nie, nie wieder. Könnte sein, dass die Waffen haben. Habt ihr denn eine Ahnung, wer das Trio ist?«, will ich wissen. Valerie: »Ja, ein paar von uns haben die schon auf anderen Partys gesehen. Die klauen richtig viel. Deshalb gehe ich auch zur Polizei. Ich soll da eine Zeugenaussage machen, meinten die Beamten.« Dann trinkt Valerie den Tee aus und fragt: »Kann ich vielleicht heute Nacht bei euch im Bett schlafen? Ich habe so einen Riesenschreck bekommen.« Alexa und ich nehmen sie in die Mitte. Trotzdem schläft mein Kind in dieser Nacht sehr unruhig.

Einige Wochen später begleite ich Valerie zur Kripo, Kriminal-fachdezernat 2, Jugendkriminalität, direkt gegenüber vom Münchner Hauptbahnhof. Wir müssen ein paar Minuten warten und ich ermahne meine Tochter: »Du weißt, bei der Polizei immer schön die Wahrheit sagen.« – »Klar, Papa, ich bin doch kein Baby mehr«, erwidert Valerie. Dann holt uns eine junge Beamtin ab, die gleich drei verschiedene Haarfarben auf dem Kopf trägt. Zu Valerie ist sie freundlich, zu mir nicht so. Trotzdem möchte ich bei der Befragung dabei sein.

Gut eineinhalb Stunden dauert die Fragestunde: »Hast du die Diebe gesehen?«, »Welche Kleidung hatten sie an?«, »Wie haben sie euch bedroht?«, »Wohin sind sie geflüchtet?« Valerie schlägt sich gut, beantwortet geduldig jede Frage. Und auch ich helfe bei den Ermittlungen. Als Valerie berichtet, dass die Diebe auch die »George Gina & Lucy« von Sophie gestohlen haben, zuckt die Beamtin mit den Achseln. Ich kläre sie auf, dass es sich dabei um eine besonders bei Teenie-Mädels sehr begehrte Handtaschen-Marke handelt. Die Polizistin ist offensichtlich beeindruckt: »Mann, Sie kennen sich aber aus.« Ich strahle stolz.

Am Ende möchte ich wissen, ob die Polizei eine Idee hat, wer das Diebes-Trio ist. Die Beamtin: »Wir haben einen sehr starken Verdacht. Das einzige Problem ist: Wir haben inzwischen fast siebzig Zeugenaussagen und alle beschreiben die Diebe anders.« Als wir uns von der jungen Frau verabschieden, denke ich mir: Eigentlich ganz beruhigend, dass sogar die Polizei ein Teenie-Problem hat.

VALERIES WAHRHEIT

Boah, das war echt eine krasse Geschichte. Aber so, wie ich die drei Diebe beschrieben habe – das war auf jeden Fall zu 1000 Prozent richtig. Die anderen waren halt größtenteils betrunken und können sich deshalb nicht mehr so ganz erinnern. Aber ich habe nur ein Becks Gold getrunken und alles mitgekriegt. Ehrlich. Wieso glaubt mir die Beamtin nicht, Papa? Ich habe alles total korrekt beantwortet – außerdem will ich meinen iPod wiederhaben! Mann! Auf den habe ich so ewig lange gewartet, bis ich ihn bekommen habe. Und jetzt ist er einfach weg. Das nervt. Die Polizei erstattet mir den ja auch nicht. Eigentlich doof, was beim Weggehen immer so wegkommt. Drei Jacken, zwei Pullis, ein Armband, der Perso, meine Lieblingskette – all das hab ich schon verloren oder geklaut bekommen. Wenn das so weitergeht, nehme ich auf Partys nix mehr mit oder klebe alles an meinem Körper fest. Die Türsteher sollten nicht so streng bei uns kontrollieren, sondern lieber die Diebe frühzeitig erkennen.

KAPITEL 23

BITTERSWEET SIXTEEN

n Amerika ist der 16. Geburtstag eine große Sache, aber auch in Deutschland fiebern Teenager dem Termin entgegen. Allein schon, weil sie von da an hochoffiziell bis 24 Uhr weggehen dürfen. Bei Valerie ist das – Überraschung! – auch nicht anders. Seit Wochen denkt sie darüber nach, welche Location am coolsten für ihre Party wäre. Sie will unbedingt in ihren Geburtstag reinfeiern, weil »das erstens an einem Samstag ist und zweitens erwachsener«, wie uns Valerie erklärt. Wir machen diverse Vorschläge, fragen sogar unsere Lieblings-Barkeeper Sebi und Claas, die jedes Jahr sehr lässige Silvesterpartys in irgendwelchen leer stehenden Abbruchhäusern veranstalten. Aber Valerie hat an allen Locations etwas auszusetzen: »Zu teuer, Papa«, »Zu weit weg, Papa«, »Zu uncool, Papa«. Irgendwann geben Alexa und ich entnervt auf. Ich sage zu Valerie: »Dann musst du das Problem leider selber lösen.«

Aber wenn's um Partys geht, besonders die eigene Geburtstagsparty, läuft mein Kind zur Höchstform auf. Nach endloser Recherche findet sie heraus, dass es in der Nähe der Universität ein Studentencafé gibt, in dem man einen ganzen Raum reservieren kann, ohne dafür auch nur einen Cent zu bezahlen. Sie reserviert für 200 Personen. »Das sind wirklich nur meine engsten Freunde«, erklärt Valerie. Alexa und ich müssen schmunzeln. Valerie weiter: »Ich habe alle über Facebook eingeladen.« Augenblicklich höre ich auf zu schmunzeln. Mir schießen Bilder von den Flashmobartigen Party-Überfällen Tausender feierwütiger Teenager in anderen deutschen Städten in den Kopf. »Keine Sorge, Papa, ich habe den Haken bei Facebook an der richtigen Stelle gemacht. Ich bin doch kein Anfänger! Es kommen garantiert nur Leute, die wirklich eingeladen sind«, versucht mich Valerie zu beruhigen. Ich: »Na, hoffentlich!«

Als der große Tag dann endlich da ist, rufe ich Valerie am frühen Abend an und frage, wie es mit den Vorbereitungen läuft. »Bestens, Papa. Melli, Steffi, Sophie und ich sind schon da. Die Barkeeper hier sind so nett, die haben uns schon zwei Runden Thai-Caipis ausgegeben.« Ich: »Das ist ja ganz herzallerliebst von denen.« Es ist kurz nach 17 Uhr, die Party soll um 21 Uhr beginnen. Mir schwant Übles. Aber meine Tochter ist in Bestlaune: »Schau, Papa, heute darf ich mal Türsteher spielen. Ich entscheide, wer reinkommt und wer nicht. Das ist so cool. Sonst müssen wir doch immer Angst haben, dass wir von den Türstehern abgewiesen werden.«

Fünf Minuten später ruft Valerie noch mal an. Mit euphorischer Stimme sagt sie: »Ach, Papa, was ich vergessen habe: Alexa und du, ihr seid auch herzlich eingeladen. Meine Freunde finden euch ja schon ganz cool. Ihr dürft also dabei sein.« Ich sage: »Das ist lieb von dir. Wir kommen so gegen 23 Uhr, dann stören wir auch nicht allzu lange.« Als wir eintreffen, steht eine rauchende Teenie-Traube vor dem Café. Wir entdecken einige Jungs aus Valeries Clique, die auch wir kennen. Wir zünden uns eine Zigarette an, fragen, wie die Jungs die Party finden. »Passt schon«, meint einer. Ein anderer: »Gute Musik.« Der Dritte: »Die Mädels haben schon ganz massiv einen im Tee.«

Alarmiert von dieser Aussage, mache ich mich auf die Suche nach meiner Tochter. Im Café ist es knallvoll, aber schließlich entdecke ich sie am DJ-Pult, wo sie gerade eine neue CD einlegt. »Na, du Geburtstags-Wurschti, alles in Ordnung so weit?«, frage ich meine Tochter. »Die Party ist total cool, Papa. Alle sind endbegeistert hier«, erklärt Valerie, während sie an ihrem x-ten Thai-Caipi nippt. Die Zeit rennt und schon ist es Mitternacht. Wir zünden Wunderkerzen an, singen alle *Happy Birthday* und Valerie lässt sich von ihren Partygästen abbusseln. Ich beobachte die Teenies und bin stolz auf meine Tochter als Gastgeberin. Alexa nimmt mich in den Arm, wir trinken auf Valerie – allerdings keinen Thai-Caipi, sondern Weißwein, der komplett ungekühlt ist und teeniemäßig süß schmeckt. »Mein Gott, gestern war Valerie doch noch ein Baby und heute feiert sie ihren 16. Geburtstag«, sage ich. Alexa gibt mir einen Klaps auf den Po: »Komm, wir müssen der Kleinen, äh, Großen jetzt auch mal gratulieren.«

Als sie uns entdeckt, stürmt Valerie, gefolgt von einer Horde Teenie-Mädels, auf uns zu. Wir gratulieren herzlich und geben ihr jeweils zwei besonders dicke Geburtstagsküsschen. Valerie: »Jetzt bin ich wirklich 16! Saucool, gell?« Bevor ich antworten kann, stürmt sie aufgedreht auf die Tanzfläche. Ich besorge für Alexa und mich zwei Gläser Sekt in der Hoffnung, dass er halbwegs besser als der zuckerige Teenie-Wein schmeckt, und wir verziehen uns kurz vor die Tür an die frische Luft. »Was meinst du«, frage ich, »sollen wir lieber noch ein bisschen bleiben? Valerie hat einen ordentlichen Schwips.« Alexa: »Oh ja! Wahrscheinlich ist es echt besser, wenn wir noch bleiben.« Womit sie recht behalten soll.

Gegen 1:30 Uhr ist Valerie nämlich plötzlich verschwunden. Alexa und ich sind besorgt, fragen jeden Partygast, wo sie abgeblieben sein könnte. Aber alle zucken nur mit den Schultern. Schließlich entdeckt Alexa sie auf der Damentoilette. Valerie ist von ihren besten Freundinnen Melli, Sophie und Steffi umringt. Sie hat einen Weinkrampf, ihre Schminke ist so schlimm verlaufen, dass das ganze Gesicht schwarz schimmert. Alexa versucht zu recherchieren, was passiert ist, aber Melli, Sophie und Steffi wissen auch nichts Näheres, weil Valerie nur wimmert und schluchzt. Als sie nach einer halben Ewigkeit endlich die Toilette verlässt, nehme ich sie in den Arm und drücke sie ganz fest.

»Um Himmels willen, was ist mit dir los?«, frage ich. Valerie, immer noch am ganzen Körper zitternd, sagt: »Papa, ich habe für die Jungs zum Geburtstag immer Kuchen gebacken. Rate mal, wie viele Kuchen ich heute von den Jungs bekommen habe!« – »Keine Ahnung, Süße«, antworte ich wahrheitsgemäß. Valerie: »Keinen einzigen. Das ist sooo gemein. Keinem bin ich wichtig.« – »Jungs backen halt nicht. Ob mit 16 oder mit 60«, versuche ich, meiner Tochter eine Lebensweisheit nahezubringen. Valerie: »Papa, alle Männer sind doof. Aber darf ich heute trotzdem bei dir schlafen? Ich möchte hier jetzt nur noch ganz schnell weg.«

VALERIES WAHRHEIT

Warum backen Jungs nicht? Hast du etwa auch nie einen Kuchen gebacken, Papa? Nicht mal für Alexa? Das finde ich echt schwach! Kein Wunder, dass Jungs nicht backen, wenn es ihre Väter auch nie getan haben. Was seid ihr nur für schlechte Vorbilder? Denk mal drüber nach! Und wir Mädels, vor allem ich, backen uns die Hände wund. Mit Gummibärchen, Schoko-Vanille, Smarties, Himbeer-Geschmack und, und, und. Zurück bekommen wir: nichts. Außer vielleicht ratlose Gesichter. Toll, danke. Ich werde künftig nur noch für meine Freundinnen backen, die wissen das nämlich noch zu schätzen. Wir basteln Foto-Collagen, das ist eine Heidenarbeit – wie du weißt. Malen Herzchen, kleben Mini-Sonnen auf Karten und all so aufwendiger Kram. Am nächsten Tag habe ich ja netterweise von Alexa und dir noch einen Kuchen bekommen. Das war echt lieb, auch wenn ich sofort herausgeschmeckt habe, dass du den sicher nicht selber gebacken hast.

24. KAPITEL

ZWERGERL AUF ZEIT

»Auf der anderen Seite muss ich sagen,
dass Kinder ganz schön anstrengend sind.«

Valerie besucht eines der wenigen Münchner Gymnasien mit sozialwissenschaftlichem Zweig. Dazu gehört in der zehnten Klasse ein soziales Praktikum. Als uns Valerie an einem warmen Frühsommerabend besucht und wir auf dem Balkon grillen, fragt sie uns: »Habt ihr vielleicht eine Idee, wo ich mein Praktikum machen könnte?« – »Warum gehst du nicht zu den Au-Zwergerln – die haben einen guten Ruf.« – »Häh?« Valerie sieht mich fragend an. Alexa lacht und erklärt: »Die Au ist doch der Stadtteil auf der anderen Seite der Isar, von uns aus gesehen. Da hat mal eine Freundin von mir gearbeitet. Das ist Kindergarten und Kinderhort in einem. Die Kleinen da müssen ganz süß und unanstrengend sein.« Jetzt schalte ich mich ein: »Stimmt. Nur die größeren Kleinen sind anstrengend. Der Teenie-Sohn von Erzieher Klaus stibitzt seinem Vater am Wochenende gern den Haustür-schlüssel, um mit seiner Clique ein nächtliches Trinkgelage bei den Zwergerln zu veranstalten!« Valerie gefällt die Idee: »Stimmt, das klingt lustig – und auf die muss ich ja nicht aufpassen. Ich könnte bei euch schlafen und wäre morgens gleich an meinem Praktikums-platz. Außerdem sollen Krankenhäuser und Altenheime hart an-strengend sein. Dann lieber Kindergarten.« Also gesagt, getan! Am nächsten Tag geht Valerie nach der Schule zu den Zwergerln und stellt sich vor. Erzieher Klaus ist gleich erfreut, weil er für den Zeit-raum noch keine Praktikanten hat. Er sagt meiner Tochter sofort zu. Die kommt danach zu Alexa und mir und verkündet uns die frohe Botschaft. Ich: »Das ist toll, dann können wir endlich mal wieder längere Zeit miteinander verbringen. Zu Fuß bist du da in fünf Minuten.« Valerie: »Ja, Papa, ich freue mich auch schon.«

Am Abend vor dem Praktikumsbeginn zieht Valerie mit einem kleinen Reisekoffer in unser Wohnzimmer. Wir haben ihr die Schlafcouch frisch bezogen. Auf dem Tisch liegen diverse Klatsch- und Modemagazine sowie schokoladige Betthupferl. Als Valerie nach ihrem »Arbeitstag« bei den Zwergerln um 16 Uhr zu uns kommt, frage ich sie gleich nach ihren ersten Eindrücken. »Papa«, sagt Valerie, »das ist so wahnsinnig lustig da, das wirst du mir nicht glauben.« Ich: »Dann erzähl mal.« Valerie: »Also, da gibt's so einen Jungen, der heißt Paolo, ist drei Jahre alt und mein absoluter Liebling. Der Paolo trägt nur pinke Kleidung, am liebsten ein Ballett-Tutu. Er schnallt sich Engelsflügel auf den Rücken und hat in seinem Spind eine Riesensammlung Haarclips.« Ich: »Das ist in der Tat ungewöhnlich für einen Jungen in seinem Alter.«

Valerie muss ihre Erzählung unterbrechen, weil sie einen zehnminütigen Lachanfall hat. Als sie wieder Luft bekommt, fährt sie fort: »Am krassesten ist, dass ich dem Paolo morgens alle seine fünfzig Clips in die Haare machen muss, sonst kommt er nicht mit auf den Spielplatz. Der ist echt so süß. Der ist auch nur mit den Kindergarten-Mädchen zusammen. Wenn die anderen Jungs Fußball spielen, dann tanzt er in seinem Tutu im Sandkasten rum. Ich habe mich vorhin schon halb totgelacht. Wenn Paolo morgen wieder Ballett macht, muss ich für Alexa und dich unbedingt ein Foto schießen.« Ich denke, es ist gut, dass sich auch andere Eltern Gedanken um ihre Kinder machen dürften.

Die Woche vergeht wie im Flug. Beim Abendessen erzählt uns Valerie immer die neusten Anekdoten von Paolo. Danach schauen wir uns meist noch zwei Folgen von *Willkommen im Leben*, der amerikanischen Teenie-Kultserie aus den 1990er-Jahren, auf DVD an. Als Valerie nach ihrem letzten Tag bei den Zwergerln zu uns kommt, ist sie ganz traurig. Sie berichtet: »Die Kinder haben mir zum Abschied ein echt süßes Bild gemalt. Und der Paolo hat mir einen von seinen geliebten Haarclips geschenkt. Ich habe ihm versprechen müssen, dass ich ihn ganz bald wieder besuche. Auf der einen Seite glaube ich, dass ich ihn richtig vermissen werde. Auf der anderen Seite muss ich sagen, dass Kinder ganz schön anstrengend sind.« Ich: »Wirklich?«

VALERIES WAHRHEIT

Also nach der Woche war ich echt stolz auf mich. Du beschwerst dich immer, Papa, dass ich so anstrengend bin. Quatsch! Kleine Kinder sind viel anstrengender, das hast du nur vergessen. Da muss man jede Sekunde aufpassen, dass nichts passiert. Dagegen bin ich superselbstständig. Ich kann alleine U-Bahn fahren, mir Essen machen und auf die Toilette gehen. Solltest froh sein, dass ich schon 16 bin. Außerdem könntest du mich wirklich loben – soweit ich weiß, hast du *nie* etwas Soziales getan in deinem Leben. Du gehst lieber ins Fußballstadion als zu Wohltätigkeitsabenden und engagierst dich auch sonst nicht. Das musst du mal ändern! Ein bisschen Charity könnte auch dir nicht schaden. Und Charity bedeutet nicht, dass du mir im Restaurant ein Stück von deinem Rinderfilet abgibst.

25. KAPITEL

JÄGERMEISTER

onnenschein, 20 Grad, ein perfekter Tag am Ammersee. Matze, der frühere Nachbar von Alexa, feiert im wunderschönen Garten seines Elternhauses den Abschluss des Chemie-Studiums. Doktortitel summa cum laude! »Das gab's an der Technischen Universität München seit Jahren nicht«, erklärt Matze. Ich gratuliere ehrfürchtig – und bin gleichzeitig tieftraurig, dass ich Matze nicht als Nachhilfelehrer für mein Kind gewinnen konnte, weil ihm für Nebenjobs schlicht die Zeit fehlt. Alexa und ich sagen natürlich auch den restlichen Partygästen Hallo. Nach der Begrüßungsrunde und dem ersten Small Talk bemerke ich erstaunt, dass man mit dreißig Chemiestudenten sogar einen ganz lustigen Abend verbringen kann, ohne permanent über ihre Fachgebiete sprechen zu müssen. Im Gegenteil: Für alle anderen Gesprächsthemen sind sie völlig dankbar und glücklich.

Trotzdem setze ich mich erst einmal zu Mike. Mike ist der jüngere Bruder von Matze. Er fällt ein bisschen aus der Familie – nicht nur optisch. Er hat so viele Tattoos und Piercings, dass er selber nicht mehr weiß, wie viele es genau sind. In seiner Freizeit macht Mike Rap-Musik »mit ziemlich derben Texten«, wie er immer stolz betont. Das klingt jetzt ziemlich schlimm – aber in Wahrheit ist Mike gar nicht der böse, harte Gangster, sondern wirklich lustig, äußerst freundlich und wohlerzogen. Seiner Freundin schenkte er zum Einjährigen einen gemeinsamen Yoga-Kurs. Den Gutschein überreichte er ihr in einer Gondel in Venedig. Mike besorgt für uns zwei Flaschen kühles Augustiner-Bier. Danach erklärt er mir die Vor- und Nachteile von Intim-Piercings. Ein Thema, zu dem ich zwar null Komma nichts beitragen kann, das aber irgendwie auch abgedreht-komisch ist. Nach einer Viertelstunde kommt Alexa zu uns an den Tisch. Wir wechseln das Sujet und reden jetzt lieber über frauenkompatiblere Dinge wie die richtige Grillzeit bei Steaks.

Einige köstliche Würstchen und kalte Biere später klingelt plötzlich mein Handy. Valerie ist dran. Sie sagt: »Papa, der Adi hat mich aus der Wohnung geschmissen. Er meint, dass ich bei dir schlafen soll.« Völlig entgeistert frage ich zurück: »Er hat was getan?« Valerie: »Ja, er hat in meinem Zimmer die 1,75-Liter-Flasche Jägermeister entdeckt, die mir die Jungs zum Geburtstag geschenkt haben.« Ich: »Jägermeister? Das ist doch so ein Zeug, das sich alte Alkis in winzigen Flaschen am Kiosk besorgen und dann verstohlen wegkippen.« Valerie: »Das ist mal wieder typisch, Papa, du hast überhaupt keine Ahnung. Jägermeister ist total angesagt bei Jugendlichen.« Ich: »Wie viel Prozent hat der überhaupt?« Valerie: »Ich glaube, der hat so 35 Prozent. Schmeckt echt lecker, wenn er kalt ist.« – »Du willst mir jetzt aber nicht erzählen, dass du beim Hausaufgabenmachen Schnaps trinkst, oder?«, frage ich ernsthaft besorgt. »Spinnst du, Papa? Ich trinke doch nicht allein Schnaps. Der Jägermeister war außerdem noch ungeöffnet«, erwidert Valerie verärgert. »Aber egal, ob du checkst, wie cool oder uncool Jägermeister ist, bin ich jetzt aus der Wohnung rausgeflogen!«

Verärgert schaue ich auf die Uhr: kurz nach 22.30 Uhr. Na bravo. »Willst du nicht besser mit ihm über das Jägermeister-Problem reden?«, frage ich vorsichtig meine Tochter, die jetzt anfängt zu weinen. »Nein, die hat mir gehört! Die kann er nicht einfach wegschmeißen! Das war mein Geburtstagsandenken! Dieser Idiot!«, ruft sie sauer.

Dazu muss man wissen, dass Adi der neue Lebensgefährte von Valeries Mutter ist, ein sonst eher stiller Bankkaufmann. Dummerweise befindet sich Valeries Mama gerade in Italien, um mit der ganzen Familie den achtzigsten Geburtstag ihres Vaters zu feiern. Sie kann ihrem Freund also schwer klarmachen, dass man 16-jährige Teenager nachts nicht einfach aus der Wohnung werfen sollte. »Valerie«, sage ich, »wir sind heute doch am Ammersee, weil der Matze seinen Doktortitel feiert. Bis wir zurück sind, dauert es leider ein bisschen. Aber du hast ja zum Glück den Schlüssel für unsere Wohnung, oder?« Valerie: »Ja, den habe ich dabei. Wie lange werdet ihr denn brauchen?« – »Das hängt von der S-Bahn ab, aber schon so eine gute Stunde. Mach's dir doch bei uns schon mal

gemütlich. Falls du Hunger hast, im Kühlschrank ist noch Käse und so«, erkläre ich meiner Tochter. »Aber keinen Schnaps trinken!«, schiebe ich hinterher, um die Situation etwas aufzulockern. »Sehr witzig«, meint Valerie und lacht tatsächlich kurz.

Als ich Alexa und Rapper Mike von Valeries Rauswurf berichte, reagieren sie irritiert. »Wegen einer bescheuerten Flasche Jägermeister?«, fragen die beiden fast gleichzeitig. Ich nicke. »Also, wenn die Val mein Kind wär«, meint Mike mit gefährlichem und zornigem Gesichtsausdruck, »dann würde ich meine Kumpels holen, zu diesem Honk brettern und dem mal ganz zackig klarmachen, wie er meine Prinzessin zu behandeln hat. Was muckt der so auf? Ist doch nicht sein Kind!« Mike haut auf den Tisch und zerquetscht ein Grillwürstchen, so sehr regt er sich auf. Seine Anteilnahme berührt mich irgendwie, bringt mich aber auch nicht wirklich weiter. »Clemens, ich regle das für dich«, schlägt Mike vor. »Null Prob, nur paar Anrufe und der Freak wird deine Tochter nie wieder rausschmeißen! Promise! Und wenn sie eine Eine-Million-Liter-Flasche Wodka geschenkt bekommt.«

Alexa und ich lachen, versuchen aber, Mike, den Rapper mit dem mitfühlenden Herzen, zu bremsen. »Danke fürs Angebot, Mike, weiß ich zu schätzen. Aber wir kriegen das auch ohne deine Gang hin – zumindest diesmal«, antworte ich, obwohl ich die Aktion von Adi natürlich genauso idiotisch finde.

Wir verabschieden uns von Mike, Doktor Matze, den anderen Chemikern und entschuldigen uns für den überhasteten Aufbruch. Mike ist ziemlich enttäuscht, dass wir auf sein Angebot nicht eingegangen sind: »Alter, ruf mich an, wenn du es dir anders überlegst!« In der S-Bahn überlege ich wiederum, was ich am liebsten mit Adi anstellen würde, wenn ich ihn jetzt in die Finger bekäme. Soll ich Adi anrufen? Schwierig. Würde ich ihn anschreien, wäre er zu Valerie vermutlich noch unfreundlicher. Und angesichts der Tatsache, dass Valerie ja irgendwann wieder mit ihm unter einem Dach leben muss, lasse ich es sein und schlucke meine Wut lieber herunter.

Wir sitzen in der überfüllten S-Bahn und bekommen eine SMS von meiner Tochter. Sie schreibt, dass sie gut bei uns daheim angekommen ist, die Flasche Jägermeister von Adi erstattet bekommen will und sich jetzt noch *Vier Hochzeiten und ein Todesfall* anschaut. Sie scheint sich beruhigt zu haben, ich atme erleichtert auf. Da öffnen sich am nächsten Halt die Türen und eine Horde aufgedrehter und aufgestylter Mädchen – alle etwa in Valeries Alter – stürmen zu uns ins Abteil. Sie lachen, kichern, singen und trinken: Jägermeister!

VALERIES WAHRHEIT

Was hat der sich nur gedacht? Offenbar nicht viel! Ich trinke doch nicht den Jägermeister, der war ein Geschenk. An *mich*! Von meinen Jungs. Da die mir schon keinen Kuchen zum Geburtstag gebacken haben, haben sie mir halt die Flasche Jägermeister geschenkt. Die schaut total lustig aus – und macht sich auch super in meinem Zimmer im weißen Regal. Die Flasche ist mehr Deko als Drink. Ich verstehe nicht, wie er sie mir einfach wegnehmen kann. Sie war ungeöffnet und wäre es auch geblieben! Die Flasche war das Souvenir von meiner Geburtstagsparty, ein Andenken. So etwas nimmt man nicht ungefragt weg. Zu meinem nächsten Geburtstag wünsche ich mir am besten einen Tresor – von dem nur ich den Zahlen-Code kenne.

26. KAPITEL

DER ERSTE JOB

Valerie hat – mal wieder – die Krise. Alle ihre Freundinnen, wirklich alle, haben einen Job und verdienen ihr erstes eigenes Geld. Melli arbeitet in einer PR-Agentur in einem Münchner Vorort, Sophie kellnert in einem angesagten Café in der Innenstadt und selbst die sonst eher stille Steffi verkauft als Aushilfe Kleidung bei H&M. Sie kriegen alle zwischen acht und zehn Euro die Stunde und sind finanziell entsprechend besser ausgestattet als Valerie, wenn es darum geht, am Wochenende Party zu machen. Das will meine Tochter nicht länger hinnehmen: »Ich will mir von meinem ersten Geld auch eine Marc-Jacobs-Handtasche kaufen wie die Lisa. 380 Euro, voll endteuer. Und das hat die selbst verdient!«

Als wir telefonieren, sage ich zu ihr: »Kleine, dann such dir halt auch einen Job. Das kann ja nicht so schwer sein.« – »Okay«, antwortet sie, »dann versuche ich es mal in diesem Modeschmuck-Laden am Stachus. Nur: Wie soll ich das machen, Papa?« – »Na, ganz einfach«, erwidere ich, »du gehst da hin und fragst, ob sie eine Aushilfe brauchen.« Eine gute Stunde später ruft mich Valerie wieder an und sagt euphorisch: »Papa, ich glaube, die wollen mich wirklich haben. Ich muss nur einen Lebenslauf schreiben und dann soll ich nächste Woche schon zum Einarbeiten kommen.« – »Fein«, antworte ich, »das freut mich. Dann viel Spaß mit dem Lebenslauf.« Dass es im späteren Arbeitsleben nicht immer so ruck, zuck und einfach geht, einen Job zu ergattern, verschweige ich lieber. Valerie ist motiviert – und das freut mich.

Zwei Stunden später klingelt das Telefon wieder. Valerie: »Wie schreibt man einen Lebenslauf, Papa?« Ich: »Valerie, du bist 16 und das ist dein erster Job. Notiere einfach deinen Namen, deine Adresse, nur kurz die Fakten, in welche Klasse du beispielsweise gehst, und erkläre im Bewerbungsanschreiben kurz, warum du in dem Geschäft arbeiten willst. Von wegen interessiert an Schmuck und so weiter. Du brauchst keinen Roman zu schreiben.« Kurz bevor Alexa und ich ins Bett gehen wollen, kriege ich noch eine

SMS von Valerie. Text: »Drei Stunden Lebenslauf geschrieben. Jetzt fertig. Ich auch. Gute Nacht.« Als ich Alexa die Nachricht zeige, müssen wir beide lachen. Ich sage: »Drei Stunden? Hilfe! Wenn sie beim Schmuckverkaufen auch so herumtrödelt, dann hat sie in vier Jahren ihr erstes Paar Ohrringe verkauft.«

Aber mein Kind überrascht mich. Wir treffen uns nach dem Einarbeiten zu dritt in unserer Lieblings-Pizzeria um die Ecke. Aufgeregt berichtet Valerie: »Also, die zwei Stunden in dem Schmuckgeschäft heute, das waren die anstrengendsten meines ganzen Lebens. Ich fühle mich wie nach einem Marathonlauf. Mir tut echt alles weh, die Füße, der Rücken, einfach alles. Allein das Lager, wo die ganzen Kartons stehen, das ist ungefähr so groß wie eure Wohnung. Und da ist es so krass heiß.« – »Aber wie lief es sonst?«, will Alexa wissen. Valerie: »Total supi! Ich habe schon drei Armbänder und eine Brosche verkauft. Die haben mich voll gelobt. Morgen arbeite ich sieben Stunden, das wird richtig hart.« – »Na, dann stärke dich jetzt schnell mit einer Pizza«, schlage ich vor. »Was ich echt nicht verstehe«, sprudelt Valerie weiter, »ist, warum Frauen sooo ewig brauchen, um sich zu entscheiden! Frauen schauen sich alle Ketten hundertmal an, probieren ständig andere Ringe, mal Gold, mal Silber, und treffen nie eine Entscheidung.« Alexa und ich müssen grinsen – wohl wissend, dass sich Valerie auch meist nur schwer entscheiden kann. »Bestell dir eine Pizza, Süße«, sage ich. Valerie: »Ja, unbedingt. Äh, aber welche denn nur? Funghi oder mit Salami ... oder doch Pasta?« – »Wie war das mit Frauen und Schmuck«, necke ich sie. »Nimm doch die Pizza Quattro Klunker!« Frech boxt sie mir in die Seite.

Am nächsten Abend, es ist Alexas Geburtstag, kommt Valerie nach der Arbeit im Schmuckladen zu uns. Wir sitzen fröhlich in der Küche und essen Raclette. Meine Tochter belegt sich ein Pfännchen nach dem anderen mit Käse und diversem Gemüse. Auf der Heizplatte brutzelt sie sich noch ein kleines Steak, weil ich Alexa nicht ganz uneigennützig zum Geburtstagsabend 500 Gramm Rinderfilet geschenkt habe. »War es anstrengend heute?«, will ich wissen. »Und wie!«, antwortet Valerie, während sie einen zerlaufenen Berg Käse mampft. »Ich habe einen Bärenhunger.« Nach dem Galadiner frage ich meine Tochter: »Hast du denn schon eine Ahnung, was du mit deinem ersten selbst verdienten Geld machen willst?« Valerie: »Klaro! Ich hab mir in dem Schmuckgeschäft schon vier echt lässige Silberketten zurücklegen lassen.« Prima, denke ich mir, da wird meine Tochter sicher bald ihre beste Kundin werden.

Aber daraus wird nichts. Leider. Zwei Tage vor ihrem zweiten Arbeitssamstag ruft der Filialleiter an und teilt Valerie mit, dass sie nicht mehr kommen soll. Als Begründung sagt der Mann, dass eine andere Aushilfe nach dem Mutterschutz zurückkommt. Valerie erzählt mir mit tieftrauriger Stimme die Story: »Ich habe zum ersten Mal etwas selber geschafft, also einen Job zu finden ohne fremde Hilfe – und jetzt das! Nach dem ersten Tag wurde ich noch gelobt, wie gemein ist das denn?!« Ich beschließe, den Idioten von Filialleiter anzurufen und ihm klarzumachen, dass man mit 16-jährigen Mädchen im Allgemeinen – und meiner Tochter im Besonderen – nicht so umspringen kann. Wütend sage ich am Telefon: »Sie hätten doch wissen müssen, dass Ihre andere Aushilfe nach dem Mutterschutz wieder arbeiten will. Das weiß man als seriöser Chef Monate vorher. Also ich begreife Ihr Verhalten nicht! Sie arbeiten junge Mitarbeiterinnen ein, um sie dann gleich wieder rauszuwerfen!« Der Filialleiter meint stotternd: »Also, ähm, äh, so war das ja alles nicht gemeint. Also, wenn Ihre Tochter vielleicht doch noch bei uns arbeiten will ...« – »Will sie sicher nicht«, falle ich ihm ins Wort und lege grußlos auf.

VALERIES WAHRHEIT

Ich hab mir so endkrass Mühe mit dem Lebenslauf gemacht (der ist auch gar nicht so kurz, wie du tust, Papa!), hab total viel beim ersten Mal verkauft – an einem Samstag, den ich auch ganz entspannt hätte verbringen können. Der Filialleiter hat mich nonstop gelobt. Jetzt das! Echt motivierend für die Berufswelt, wie da mit einem umgesprungen wird. Er hätte ja gleich sagen können, dass ich zu jung bin oder zu wenig verkauft habe. Mir wird immer von dir beigebracht, dass ich nicht lügen soll. Aber der Typ hat mich voll verarscht! Nie wieder geh ich in diesem Laden einkaufen! Meine ganzen Freundinnen auch nicht mehr. Die dürfen sich nicht wundern, wenn sie jetzt bald pleite sind.

27. KAPITEL

PARIS CALLING

Meine Tochter hat eine neue Freundin. Sie heißt Nina, ist ein Dreivierteljahr älter als Valerie, macht einen bemerkenswert selbstbewussten Eindruck und wohnt im selben Haus. Für die bevorstehenden Osterferien haben die beiden einen verwegenen Plan gefasst: Sie wollen nach Paris! Alleine! Keine Erwachsenen! Früher Bullerbü, heute ballaballa, denke ich. Ausgerechnet Paris. Gerade habe ich den beklemmenden Thriller *96 Hours* mit Liam Neeson gesehen, in dem es darum geht, dass zwei amerikanische Teenager in Paris von Mädchenhändlern entführt und verschleppt werden. »Valerie«, sage ich, als mir meine Tochter von ihren Reiseplänen erzählt, »da müssen wir noch mal drüber reden.« Meine Tochter: »Papa, wir fahren auf alle Fälle. Wir haben die Bahntickets für den Nachtzug schon gekauft und das Hotel reserviert.« Dann legt sie einfach auf.

Als ich Valeries Mutter anrufe, will ich wissen, ob sie die Teenie-Tour genehmigt hat. Sie verneint und ich beschließe, Valerie zum Rapport einzubestellen. Nach der Mathe-Nachhilfe kommt Valerie am nächsten Tag zu Alexa und mir, Freundin Nina im Schlepptau. »Seid ihr noch ganz bei Trost?«, falle ich nach der Begrüßung mit der Tür ins Haus. Valerie setzt ihren Böse-Blick auf und erwidert trotzig: »Die Nina und ich, wir verreisen alleine. Wir sind doch keine Babys mehr. Paris ist ausgemacht. Basta!« – »Valerie«, sage ich, »mit mir hast du gar nichts ausgemacht. Und solange du noch keine 18 bist, sage ich, wann, wo und mit wem du Urlaub machst. Paris kommt jedenfalls nicht infrage, zu viel Kriminalität, besonders in den Vororten, aber auch nachts in der Stadt.« Valerie stampft rumpelstilzchenmäßig mit den Füßen auf den Boden. Dann sagt sie: »Komm, Nina, wir verschwinden.« Als meine Tochter unsere Wohnungstür zuknallt, blicken Alexa und ich uns ratlos an.

Um mich von Valeries Urlaubsidee abzulenken, will ich abends in Ruhe ein Buch lesen. Beim Blick ins Regal fällt mir auf, dass alle meine Frankreich-Reiseführer fehlen, der vom ADAC, der von

Marco Polo, der von Polyglott. Auch Alexa hat keine Ahnung, wo die Bücher sind. »Die hat sich Valerie gegriffen, um sich schon einmal auf die Reise einzustimmen«, sage ich zu meiner Verlobten. »Stimmt, die meinen es anscheinend verdammt ernst«, erwidert sie. Ich nehme mir einen alten Kommissar-Maigret-Roman von Georges Simenon aus dem Regal und wundere mich, dass die Lektüre mich keineswegs beruhigt. Ganz im Gegenteil. Ich lege das Buch weg und gehe zu Alexa ins Wohnzimmer. Sie schaut sich im Fernsehen einen französischen Krimi an, in dem Gérard Depardieu einen bösen Polizisten spielt. Ich habe genug und gehe in unser – auch das noch: französisches – Bett. Wieso ist eigentlich plötzlich alles um mich herum so französisch? Ich beschließe, die nächsten Wochen partout kein Baguette mehr zu essen und ausschließlich italienischen Wein zu trinken. Außerdem mache ich mir Vorwürfe: Hat unser mehrmaliger Besuch mit Valerie bei unserem Lieblingsfranzosen sie erst auf den Paris-Plan gebracht? Mon dieu! Die Cidre-Idee ist blöder als jede Schnaps-Idee!

Als der Tag von Valeries Abreise kommt – sie hatte in den Tagen zuvor jeden Kontakt mit ihrem Vater vermieden –, mache ich mir ernsthafte Sorgen. Im Internet mache ich mich schlau, wann der Nachtzug von München nach Paris abfährt. Täglich um 22.42 Uhr, verrät mir www.citynightline.de. Ich beschließe, mit der Trambahn zum Hauptbahnhof zu düsen, um notfalls persönlich dafür zu sorgen, dass meine Tochter ihren Ego-Trip *nicht* antritt. Angekommen, gehe ich an Bahnsteig 12 in Stellung. Im dunklen Trenchcoat mit hochgezogenem Kragen und mit verschränkten Armen komme ich mir selbst vor wie in einem französischen Krimi. Fehlt noch die Pfeife. Dabei rede ich mir ein, dass ich mehr so ein amerikanischer Elitesoldat bin. Mit vielen Muskeln und Spezialausbildung. Schade, denke ich, dass es keine Special Agents für Teenies gibt. Da ich meine Brille daheim vergessen habe, muss ich die Augen ziemlich zusammenkneifen, um überhaupt etwas zu sehen.

»Probleme?«, fragt mich ein Mann in Uniform. Offenbar sieht man mir meinen Teenitus schon an. »Ja, einige«, antworte ich. »Na, dann zeigen Sie mal Ihren Ausweis!« Auch das noch. Den habe ich in der Hektik und Sorgenmacherei ebenfalls daheim vergessen. »Hören Sie, es tut mir leid, aber den hab ich nicht dabei. Mein Name ist Hagen. Hagen, Clemens. Ich muss hier nur schnell etwas sehr Wichtiges, für mich persönlich Welt-bewegendes erledigen. Ich muss quasi die Welt retten – zumindest für ein paar Menschen! Bitte halten Sie mich nicht davon ab!« Der wahre Security-Mann sieht mich verdutzt an: »Haben Sie ein ernsthaftes Problem?« – »Ja, ich habe eine 16-jährige Tochter, die alleine nach Paris fahren will!« Der Security-Mann reagiert mitfühlend: »Oha, mein Beileid. Mein Sohn ist 13 und will mit seinen Kumpels im Sommer sechs Wochen zum Sauf-Urlaub nach Rimini. Ich weiß auch nicht, wie ich ihm das ausreden kann. Ihnen aber viel Glück!«

Ich überlege kurz, wie ich mein Kind vorm Verreisen stoppen soll, wenn selbst ein ausgebildeter Security-Mann überfordert ist. Dann geht's los: Schon aus der Ferne sehe ich Valerie und Nina kommen, zwei Rollkoffer hinter sich herziehend und aufgedreht lachend. Als mich Valerie sieht, lacht sie natürlich überhaupt nicht mehr. Nicht mal ein Lächeln. Sie kommt auf mich zu und sagt drohend mit dem Zeigefinger an meiner Brust: »Wenn du mich jetzt nicht fahren lässt, rede ich nie wieder mit dir.« Ich antworte: »Meine liebe Tochter, wir fahren jetzt nach Hause. Ende der Dis-kussion.« Der Security-Mann, der in der Nähe unsere Diskussion neugierig verfolgt, holt seine Handschellen heraus und winkt mir mit ihnen entgegen: »Clemens, soll ich helfen?« Valerie und Nina sehen die Handschellen, erschrecken und schreien. »Nein«, sage ich cool. »Alles okay bei uns. Die beiden Ladys freuen sich, dass ich sie nach Hause bringe. Oder wollt ihr lieber mit meinem neuen Freund mitgehen?« Leicht verstört schütteln die beiden den Kopf. Zum Abschied zwinkere ich dem Security-Mann fröhlich und dankbar zu. Falls die CIA irgendwann mal Teenie-Agenten braucht, sollten wir uns beide dort bewerben.

Via Taxi liefere ich die Ausreißerinnen bei ihren Müttern ab. Auf der kurzen Fahrt reden die beiden Mädels kein Wort – weder mit mir, was ich erwartet habe, noch miteinander. Vor der Haustür verabschiedet sich Valerie dann noch mit den netten Worten: »Du bist der gemeinste Papa der Welt.« Der gemeinste Papa der Welt beschließt, dass er jetzt ein Bier braucht.

VALERIES WAHRHEIT

Und wie du der gemeinste Papa der Welt bist – zumindest an diesem Tag! Du durftest mit 16 alleine, ohne Eltern, zu deinem Bruder nach Hamburg und dann seid ihr nach Frankreich gebrettert. Und ich? Darf absolut überhaupt nichts. »Weil du ein Mädchen bist«, sagst du als Argument gerne zu mir, wenn ich etwas im gleichen Alter wie du nicht darf. Ja und? Ich bin ein Mädchen, kein Kleinkind. Dass ich kein Junge bin, habe ich mir erstens nicht ausgesucht. Zweitens finde ich es auch viel schöner, ein Mädchen zu sein – abgesehen davon, dass ich anscheinend dauernd dafür bestraft werden muss. Du warst in meinem Alter damals sicher auch viel länger abends weg. Weil du ein Junge bist. Was für ein absurdes Argument. Ich bin ein Mädchen. Wenn es nach dir ginge, dürfte ich nur daheim rumhocken. Aber das kannst du dir abschminken – wie wir Mädels gerne sagen.

28. KAPITEL

FUNKSTILLE

»Oft hat Valeries plötzliches Abtauchen aber auch schulische
Gründe.«

Valerie ist schlau, deshalb weiß sie, dass die Maximal-
bestrafung für ihren Vater mehrtägige Funkstille ist, bei
größeren Krächen sogar mehrwöchige. Sie ist dann mal
weg. So ist es auch jetzt, nachdem »der gemeinste Papa der Welt«
ihren Ego-Trip nach Paris verhindert hat. Alles, was ich von ihr bekomme, ist eine SMS. Text: »Papa, überweise mir die 277,60 Euro
für das Bahnticket auf mein Konto. Sofort!« Als ich sie anrufe,
um mit ihr wenigstens noch einmal über die blöde Paris-Aktion zu
reden, geht sie natürlich nicht ran. Ich hinterlasse eine Nachricht
auf der Mailbox, aber einen Rückruf bekomme ich trotzdem nicht.
Schon seltsam, denke ich, wie trotzig und sturköpfig junge Damen
mit 16 noch sein können. Noch seltsamer ist es, dass ich irgendwie trotzdem ein kleines, feines schlechtes Gewissen habe. Immer
wieder muss ich mir einreden, dass ich richtig gehandelt habe. Aber
wenn mich meine Tochter hasst und/oder sich so gar nicht meldet,
fühle ich mich schrecklich. Das darf man als Mann vielleicht nicht
zugeben, ist aber so.

Wie gerne würde ich ihr eine »Ich lieb dich«-SMS schicken, doch
das wäre wie ein Schuldeingeständnis und Valerie würde trium-
phieren und am liebsten übermorgen alleine nach Paris fahren,
weil sie nichts aus der letzten Aktion gelernt hat. Eine knifflige
Situation. Außerdem mache ich mir auch gleich noch Sorgen, wenn
Valerie nicht an ihr Handy geht. Die schlimmsten Befürchtungen
ploppen in meinem Kopf auf: Ist ihr etwas zugestoßen? Vielleicht
ein Unfall? Liegt sie gar im Krankenhaus? Hat sie einen komischen
Typen kennengelernt?

Alexa versucht dann immer, mich zu beruhigen, was selten ge-
lingt. Oft hat Valeries plötzliches Abtauchen aber auch schulische
Gründe. Wenn der Mathe-Test mal wieder in die Hose gegangen ist
oder sie eine Fünf im Englisch-Test bekommen hat, dann schaltet
meine Tochter auf Schweige-Modus. Es könnte ja sein, dass ihr die
allercoolste Party des Jahres – das ist immer die am bevorstehenden
Wochenende – verboten wird.

Da ich inzwischen genau weiß, Pardon: mir einbilde zu wissen, wie Valerie tickt, gehe ich schon mal Sherlock-Holmes-mäßig auf Wahrheitssuche. So habe ich in meinem iPhone alle Telefonnummern der Freundinnen meiner Tochter eingespeichert. Das hat sich ja auch schon bei Situationen wie mit Wiggerl sehr bewährt. Wenn ich also der Meinung bin, dass Valerie, was die Herausgabe von Schulaufgaben betrifft, flunkert, dann scheue ich mich nicht, ihre Mädels anzurufen. Die Gespräche verlaufen dann meist so: »Du, Melli, hier ist der Clemens, der Vater von Valerie. Sag mal, den Geo-Test habt ihr doch schon zurückgekriegt, oder?« Melli dann: »Äh, warum?« Ich: »Weil ich's wissen will.« Melli: »Also, ja, haben wir.« Ich: »Und weißt du, was Valerie für eine Note bekommen hat?« Melli: »Äääääh, nein.« Ich: »Melli!!!« Melli: »Ich glaube, eine Fünf.«

Natürlich hasst mich meine Tochter für derartige Nachforschungen, aber das nehme ich in Kauf. Unzählige Male habe ich versucht, Valerie klarzumachen, dass die Wahrheit sowieso irgendwann ans Licht kommt. Da sie diese simple Erkenntnis aber überhaupt nicht verstehen will, werde ich in den Jahren bis zu ihrem Abitur wohl oder übel weiter als Hobby-Detektiv arbeiten müssen. Wobei es mir Valerie mit der Zeit immer schwerer macht, schulische Nachforschungen anzustellen. So hat sie zum Beispiel kürzlich Steffi, immerhin eine ihrer besten Freundinnen, von einer Party bei ihr zu Hause ausgeladen, weil mir Steffi zuvor verraten hatte, dass Valerie in Geschichte ihr Referat verbockt und nur eine Vier minus bekommen hatte.

Zum Glück ist meiner Tochter am Ende an einem harmonischen Verhältnis zu ihrem Vater gelegen. Das heißt: Auch nach den schlimmsten Krächen – wegen der Schule oder anderer Probleme – meldet sie sich irgendwann wieder. Meist schreibt sie dann eine SMS: »Mir geht's gut, Papa.« Schon seltsam, wie beruhigend ein einziger Satz sein kann. Nach der Paris-Aktion warte ich leider vergeblich. Ich gebe mir einen Ruck. »Der Klügere gibt nach«, hat

mir meine Mutter immer gesagt, wenn ich mich früher mit meinem älteren Bruder gestritten habe. Meist gab er nach – Zeit, das jetzt ebenso zu tun. Ich schreibe Valerie eine Versöhnungs-SMS: »Lust auf einen Paris-Abend bei uns?« Prompt kommt die Antwort: »Jaaa!« Mir fällt ein Felsbrocken vom Herzen. Ich hisse zu Hause die Friedensfahne in Blau-Weiß-Rot.

VALERIES WAHRHEIT

Du spielst die Spaßbremse, zerstörst mir meinen Paris-Urlaub und dann wunderst du dich auch noch, dass ich mich nicht ständig bei dir melde! Hallo, aufwachen! Das ist doch logo. Es gibt halt Zeiten, in denen ich nicht wirklich – drücken wir es sehr freundlich aus – gut auf dich zu sprechen bin. Dass du meine Freundinnen wegen Schulnoten anrufst, ist der allerschlimmste Vertrauensbruch. Geht's noch?! Gut, manchmal mag ich vergessen haben, dir eine Note zu sagen – aber das war wirklich nie mit Absicht. Mittlerweile fühlen sich meine Mädels wie im Kreuzverhör, wenn du sie anrufst. Lass das sein, Papa! Lieber beichte ich dir jede schlechte Note, als dass ich mich wegen dir mit Steffi und Co streiten muss. Ich spionier dir ja auch nicht hinterher, ob du pünktlich aus dem Bett gekommen bist und so. Der Paris-Abend mit dir war ja ganz nett, aber die Paris-Fahrt steht trotzdem noch aus. Da kannst du dich drauf verlassen.

29. KAPITEL

BIO-JOINT

»Besorgt sehe ich meinem Kind in die geröteten Augen.«

Eine Angst, die sicher alle Eltern Heranwachsender vereint, ist die Angst vor Drogen. Nimmt mein Kind Rauschgift? Verhält es sich auffällig? Hat es die falschen Freunde? Als Valerie Alexa und mir eines Tages erzählt, dass ihr guter Bekannter Paul, den sie vor über einem Jahr im McDonald's angesprochen hat, mit Marihuana erwischt wurde, werde ich logischerweise hellhörig. »Wie ist denn das passiert?«, will ich wissen. Valerie: »Also, der Paul hat sich einfach saublöd angestellt. Der war in der Stadt am Odeonsplatz und da kam plötzlich eine Polizeistreife vorbei. Anstatt einfach weiterzugehen, hat Paul das Tütchen mit dem Gras weggeschmissen. Das hat die Polizei gesehen und ihn natürlich gleich mit aufs Revier genommen.«

Tatsächlich reichlich dämlich, denke ich mir, behalte diese Meinung aber für mich. »Und wie ging es dann weiter?«, frage ich. »Achtzig Sozialstunden haben sie ihm aufgebrummt«, berichtet Valerie. »Der Paul musste im Krankenhaus Gänge putzen. Der war so hart genervt, dass er jetzt keinen Wischmopp mehr sehen kann. Dabei waren es doch nur eineinhalb Gramm Bio-Gras.« Ich: »Es war was?« Valerie: »Na ja, Bio-Gras eben.« Ich, verwirrt: »Aber Gras ist doch immer irgendwie Bio, oder nicht?« Valerie unwirsch: »Ach, Papa, du stehst mal wieder auf dem Schlauch. In den Coffee-Shops in Amsterdam verkaufen sie Bio-Gras. Und das hat jemand dem Paul mitgebracht. Wer das war, das weiß ich aber nicht.« – »Okay«, entgegne ich, »aber du kiffst hoffentlich nicht, oder?« Valerie: »Nein, natürlich nicht.«

Als meine Tochter eine Woche später mal wieder nach einer Party zu uns zum Übernachten kommt, greift sie zuerst nach der Blechdose mit den selbst gebackenen Schoko-Keksen von Alexas Mutter. Während sie die leckeren Naschereien in sich reinstopft, muss sie immer wieder gähnen. Dann fragt Valerie unvermittelt: »Habt ihr Orangensaft da? Ich habe so einen schrecklichen Durst.« Aus meinen eigenen Jugendzeiten weiß ich noch, dass Schokolade und O-Saft das klassische Kiffer-Menü bilden. Besorgt sehe ich meinem Kind in die geröteten Augen. Ich erinnere mich daran, dass Valerie schon vor einem knappen Jahr einmal erzählte, dass ein paar Jungs aus ihrer Bekanntschaft sogar Klebstoff schnüffeln.

»Sag mal ehrlich, Valerie, wie ist das mit den Drogen in deiner Clique?«, frage ich meine Tochter. Valerie setzt ihr Trotzgesicht auf und fragt zurück: »Sag mal, Papa, wie war das denn bei euch so früher?« Mit dieser Gegenfrage habe ich nicht gerechnet. Ich überlege kurz, ob ich – pädagogisch wertvoll – mein Kind jetzt besser anlügen soll oder nicht. »Na ja«, erwidere ich und spiele auf Zeit, »wie meinst du das jetzt?« Valerie: »Wie soll ich das wohl meinen? Habt ihr früher gekifft?« Jetzt blickt mich auch noch Alexa fragend an. Ich fühle mich in die Ecke gedrängt, denke mir aber, dass es wahrscheinlich schlauer ist, die Wahrheit zu sagen. Egal, um welches Thema es sich handelt.

»Also«, beginne ich, »natürlich haben wir das früher auch mal probiert. Aber ich muss dir ehrlich sagen, dass ich Gras nicht so toll fand. Und wir waren auch viel älter als ihr jetzt. Das Kiff-Zeug hat mich müder gemacht, als ich eh schon immer war.« Valerie muss grinsen. »Wenn du es abgestritten hättest, hätte ich dir auch nicht geglaubt«, erwidert sie. Und weiter: »Wenn du es genau wissen willst, Papa: Ich hab zwar schon mal mehr Alkohol getrunken, als gut für mich war, aber gekifft hab ich noch nie. Ich hab das auch nicht vor. Versprochen! Ich hab euch doch mal vom Chrissy erzählt, das ist der Kumpel von dem einen coolen DJ. Der kifft so viel, dass er in der Schule hart schlecht geworden ist. Der muss jetzt wahrscheinlich runter vom Gymnasium, weil er es nicht mehr schafft. Das will ich echt nicht. Außerdem wächst man nicht mehr, wenn man kifft. Und ich bin eh schon so die Kleinste von allen Mädels. Ich bräuchte eher einen Anti-Joint.«

Einigermaßen beruhigt, beschließe ich, das Thema Drogen für heute zu beenden. Trotz der durchaus vernünftigen Worte meiner Tochter werde ich weiterhin wachsam sein. Wenn Valerie uns jetzt besucht, schaue ich mir stets ihre Pupillen an, gucke, ob die Ränder unter ihren Augen dunkler geworden sind, ihre Haut schlechter ist oder sie sich sonst wie seltsam benimmt. Bio sind bei uns nur die Tomaten und das Grünzeug – also das gute Grünzeug.

VALERIES WAHRHEIT

Hier kriegste einen Plus-Punkt von mir, Papa. Kannst also stolz sein (aber deshalb bitte nicht gleich wieder vor Freude tanzen!). Ich mag es gern, wenn du mir ehrlich erzählst, wie du als Jugendlicher warst. Dass du auch mal gekifft hast und so. Wahrscheinlich hast du auch hin und wieder mehr getrunken, als du mir gegenüber zugibst – aber das ist okay. Ich finde es verrückt, wie oft einem in einer Stadt wie München – wir sind ja nicht im Getto – Marihuana angeboten wird. Aber keine Sorge, ich lehne das immer ab. Ich trinke lieber einen Rosé-Sekt, wirklich. Außerdem habe ich mal zwei Jungs beobachtet, die schon vorm Weggehen was geraucht haben, und die hatten überhaupt nichts mehr von der Party. Haben einfach in der Garderobe gepennt. Das bringt's doch so gar nicht. Ich gehe auf Partys, um von den Partys was mitzubekommen. Sonst kann ich gleich daheim bleiben.

30. KAPITEL

DER BASKETBALLER

»Oh, Shit, dachte ich! Warum muss mein neuer Freund ausgerechnet Löwen-Fan sein.«

Es ist passiert: Valerie ist frisch verliebt. Der Glückliche heißt Robin und ist ein guter Freund von Wiggerl, bei dem meine Tochter vor vielen Monaten mal auf einer Party war, obwohl sie mir erzählt hatte, dass sie bei ihrer Freundin Sonja schläft. Das gab damals ein kräftiges Donnerwetter von mir. Aber anscheinend hatte der Abend auch sein Gutes, denn auf der Party lernte Valerie Robin kennen. Dass es so lange dauerte, bis es zwischen ihnen gefunkt hat, liegt einfach daran, dass Robin in einer anderen Clique ist und die beiden sich selten gesehen haben.

Als Valerie Alexa und mir von ihrer neuen Liebe erzählt, leuchten ihre Augen. »Der Robin ist echt sweet. Er wohnt in Bogenhausen bei seinen Eltern, die sind übrigens auch total nett«, berichtet sie aufgeregt. »Und was macht der Robin so?«, will ich wissen. Valerie: »Der geht aufs Lukas-Gymnasium in die zehnte Klasse. Er ist schon 17 und einmal durchgefallen. Aber jetzt ist er total gut in der Schule. Und, Papa, er spielt Basketball.« – »Welche Position?«, will ich als eingefleischter Sportfan wissen. Valerie, ganz Fachfrau: »Er ist Aufbauspieler, also Guard, wie die Amerikaner sagen. Und er kann tatsächlich einen Dunking.« – »Wow, da bin ich selber früher immer gescheitert. Ich habe den Ball immer nur gegen den Korbring geknallt«, sage ich anerkennend und stelle mir vor, wie es wohl wäre, wenn ich wie Nowitzki eine Karriere als Basketball-Profi in den USA gehabt hätte.

Jetzt schaltet sich Alexa in das Gespräch ein: »Nun sind wir aber neugierig. Bring deinen Super-Basketballer bald mal mit.« – »Ihr könnt auch gerne hier pennen«, biete ich an. Valerie verspricht, uns Robin schon bald vorzustellen. Am nächsten Samstag ist es so weit. Nachmittags stehen Valerie und Robin vor der Tür. Er ist knapp zwei Köpfe größer als Valerie und hat blonde Haare, die er in einer Art Elvis-Presley-Tolle trägt. Wir stellen uns gegenseitig vor und Valerie sagt, dass sie »einen Wahnsinnshunger« hat. Ich schlage vor, dass wir in das nette Schwulen-Café um die Ecke gehen, wo es das tolle Wiener Schnitzel gibt.

Valerie bestellt ihre Portion mit extra viel Pommes und extra vielen Preiselbeeren und wir essen extra genüsslich. Danach erzählt Robin, dass er bald in unser Viertel ziehen wird, weil es seinen Eltern im beschaulichen Bogenhausen zu langweilig geworden ist. »Das ist ja cool«, sage ich, »dann sehen wir uns demnächst ja sicher öfter. Abgesehen davon gibt's hier echt eine Menge Clubs und Bars, perfekt zum Ausgehen.« Valerie: »Stimmt, für Robin wird das der krasse Kontrast. Wo er jetzt wohnt, da ist 'ne Kuhweide hinterm S-Bahnhof. Als ich das erste Mal da war, hab ich gedacht, das ist voll in der Pampa. Mit Bauernhof und so.«

Robin muss lachen und erwidert: »Na ja, so ein Landei bin ich jetzt auch nicht.« – »Wofür interessierst du dich denn außer Basketball«, will ich von Valeries neuem, auf Anhieb sympathischem Freund wissen. »Für die Löwen, also den TSV 1860«, sagt Robin kleinlaut, da ihm meine Tochter anscheinend zuvor von meiner Vorliebe für den FC Bayern berichtet hat. »Macht nichts«, beruhige ich Robin, »es gibt schlimmere Hobbys.« Dann bezahlen wir und machen uns auf den kurzen Heimweg. Robin sagt, dass er daheim an seiner Zimmertür bereits drei Rechnungen hängen hat, jeweils über den Betrag von 18,60 Euro. »Wenn ich irgendwo 18,60 Euro zahlen muss, wird das ein guter Tag.« Obwohl die Rechnung von uns vier deutlich teurer war, wird der Abend auch gut. Nach endlos langer Zeit spielen wir mal wieder Monopoly. Das neue Teenie-Traumpaar findet das gar nicht kindisch, wie ich anfangs befürchtet hatte. Im Gegenteil: Die beiden verbünden sich gegen Alexa und mich und zocken uns total ab. »18 600 Euro Miete, bitte!«, ruft Valerie mir zu. Robin strahlt selig: »Das gibt's ja nicht! Wie cool! Morgen spielen die Löwen – die werden jetzt bestimmt gewinnen!«

Später bringen wir Valerie und Robin ins Wohnzimmer. »Wir haben für euch die Schlafcouch frisch bezogen. Wasser und Schokolade sind wie immer auf dem Wohnzimmertisch, Valerie«, sagt Alexa. Dann wünschen wir uns eine gute Nacht.

In aller Herrgottsfrühe, es ist noch dunkel draußen, werde ich von einem dumpfen Knall wach. Das Geräusch kommt aus dem Wohnzimmer. Besorgt stehe ich auf und klopfe an die Wohnzimmertür. »Alles okay bei euch?«, will ich wissen. »Ja, Papa«, sagt Valerie, »ich bin bloß aus dem Bett gefallen. Hab mir aber nicht wehgetan.« Als ich die beiden später am Morgen wecke, muss ich lachen. Sie liegen verkehrt herum im Bett, also Valeries Kopf bei Robins Füßen und Robins Kopf bei Valeries Füßen. Eine turbulente und romantische erste Liebesnacht, denke ich mir. Wer die Füße seines neuen Freundes in Gesichtsnähe mag, muss ihn wirklich gernhaben.

VALERIES WAHRHEIT

Oh, Shit, dachte ich! Warum muss mein neuer Freund ausgerechnet Löwen-Fan sein. Ich hatte Angst, dass du ihn deshalb nie mögen könntest. Nicht mal ansatzweise. Denn in München gibt es ja nur zwei Typen von Männern – Löwen und Bayern. Deshalb war ich fett aufgeregt. Robin natürlich noch viel mehr. Das mit dem Basketball ist zwar schön und cool, aber beim Fußball verstehst du ja normalerweise überhaupt keinen Spaß. Als du dann erzählt hast, dass selbst du auch schon einmal im Löwen-Stadion warst, da dachte ich, dass du uns verarschst. Nur um Robin zu beeindrucken. Aber die Geschichte hat wirklich gestimmt (oder?). Wow, seitdem mag dich Robin echt gern. Und du darfst künftig nicht beleidigt sein, wenn ich mich für die Löwen-Spiele mehr begeistere als für deinen FC Bayern.

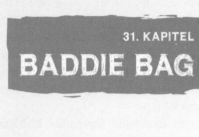

Wie ich beim Studium von *Bunte*, *Gala* und ähnlichen People-Magazinen, die Alexa gern im Supermarkt kauft, gelernt habe, bekommen Hollywood-Stars auf Partys zum Abschied sogenannte Goodie Bags als Dank für ihr Erscheinen. Der Inhalt ist oft so wertvoll, dass es Otto Normalverdiener den Atem raubt: Juwelen, sündteure Handtaschen oder Gutscheine für irgendwelche exklusiven Karibik-Kreuzfahrten. Als ob millionenschwere Filmschauspieler oder Pop-Größen solche Geschenke auch noch bräuchten. Aber bloß kein Sozialneid. Ich bin schließlich auch beschenkt worden. Natürlich von meiner Tochter. Allerdings nicht mit einem Goodie Bag, sondern eher mit einem Baddie Bag. Und das kam so:

Es ist wieder September in München, also Zeit für den alljährlichen Oktoberfest-Wahnsinn. Mittendrin Valerie. Am ersten Wiesn-Samstag steht meine Tochter um 4 Uhr morgens auf, um sich auf dem Festgelände mit ihrer Clique zu treffen. Sie wollen unbedingt ins Schottenhamel-Zelt, weil dort der Münchner Oberbürgermeister traditionell das erste Fass Bier ansticht. Weil die Plätze begehrt, aber begrenzt sind, ist frühes Erscheinen Pflicht. Wer zuerst kommt, trinkt zuerst. Dafür nehmen die Teenies stundenlanges Warten in Kauf, denn die Zeltordner öffnen die Türen erst um 9 Uhr. Valerie und ihre Girlies überbrücken die Zeit mit mitgebrachten Augustiner-Bieren für das berühmt-berüchtigte Vorglühen.

Alexa und ich verbringen den Eröffnungssamstag im Schützen-Festzelt. Das Wetter ist prächtig und wann immer wir eine Zigarettenpause im Freien einlegen, rufe ich Valerie an oder schreibe ihr eine SMS. Als verantwortungsvoller Vater will ich natürlich nicht, dass mein Kind die diesjährige Oktoberfest-Zeit gleich mit einer Koma-Sauforgie beginnt. Aber Valerie ist bestens gelaunt, berichtet euphorisch, wen sie schon alles getroffen hat, und verspricht, uns abends im Schützen-Festzelt zu besuchen. Um 19 Uhr kommt sie zusammen mit Freundin Melli – beide natürlich im Dirndl – zum verabredeten Treffpunkt. Valerie: »Papa, heute war der schönste Oktoberfest-Tag meines Lebens. Wir saßen beim Anzapfen ganz dicht an der Bühne vor dem OB, später hatten wir tolle Gartenplätze in der Sonne. Einfach perfekt!«

Im Zelt gebe ich den Mädels noch jeweils ein Hendl aus und eine Maß Bier, die sie sich teilen sollen. Nach dem Essen sage ich: »Wisst ihr was: Lasst es doch für heute gut sein und wir gehen alle nach Hause.« Zu meiner großen Überraschung sind Valerie und Melli sofort einverstanden. Wir bekommen sogar ein Taxi, zur Oktoberfest-Zeit eine mittlere Sensation, und nehmen Melli noch ein Stück mit bis zur nächsten U-Bahn-Station. Als Valerie auf unserer Wohnzimmercouch friedlich schlummert, sage ich zu Alexa: »Sagenhaft, wie vernünftig die Mädchen heute waren. Findest du nicht auch?« Alexa setzt ihren Orakel-Blick auf und erwidert: »Wart's ab, das Oktoberfest dauert noch lange ...«

Am nächsten Wochenende, dem bei Einheimischen wegen des riesigen Besucher-Ansturms gefürchteten »Italiener-Wochenende«, läuft Valeries Oktoberfest-Programm ähnlich ab wie am ersten Samstag. Mit einer wichtigen Ausnahme: Sie hat, was den eigenen Bierkonsum betrifft, völlig den Überblick verloren. Als sie abends wieder zu uns ins Schützen-Festzelt kommt, sieht sie zerstört aus. Zwar sagt sie noch mit brüchiger Stimme: »Papa, ist doch verrückt, dass so ein kleines Mädchen wie ich schon so viel Bier trinken kann.« Aber bevor ich ihr darauf die passende Antwort geben kann, bricht sie in Tränen aus. Ich beschließe den sofortigen Aufbruch. Die torkelnde Valerie im Arm, frage ich: »Warum weinst du denn? Ist doch alles okay.« Sie: »Nein, Papa, der Robin hat mich verlassen.« – »Wie?«, frage ich entsetzt. »Ihr seid doch erst seit ein paar Wochen zusammen.« Valerie: »Nein, er hat mich für heute verlassen und ist stattdessen mit seinen Kumpels nach Hause gefahren.«

Uff, denke ich mir und winke eine Fahrrad-Rikscha heran. Die verlangen zwar horrend viel Geld von ihren Fahrgästen, aber mein Kind muss ins Bett. So schnell wie möglich. Vor dem Einschlafen flöße ich Valerie noch eine Aspirin und eine Magnesium-Tablette ein. Dann wünschen Alexa und ich ihr eine gute Nacht. Am nächsten Tag, Valerie hat bis 14 Uhr geschlafen, halte ich ihr eine ordentliche Standpauke: »Das machst du nie wieder, sonst gibt's generelles Oktoberfest-Verbot für dieses Jahr. Wenn du so angeschickert bist, kann dir auf der Wiesn alles Mögliche passieren. Und ich habe garantiert keine Lust, dich aus der Ausnüchterungszelle der Polizei abzuholen.« Kleinlaut und mit Dackelblick sagt Valerie: »Okay, Papa, das habe ich verstanden. Mir geht's heute echt elend. Ich fahre jetzt nach Hause und lege mich wieder ins Bett.« Ich: »Halt, stopp! Vorher beantwortest du mir noch eine wichtige Frage: Geht's denn bei euch nur noch ums Saufen? Wisst ihr nicht, dass Alkohol auch eine gefährliche Droge ist?« Valerie: »Doch, schon. Aber gestern, das war echt voll verrückt auf der Wiesn. Die Jungs sind mit immer neuen Maßkrügen gekommen. Irgendwann wusste ich nicht mehr, wie viel ich überhaupt getrunken habe. Aber das passiert nie wieder. Ehrenwort!« Ich beschließe, mir die Jungs bei nächster Gelegenheit vorzunehmen, und verabschiede mein Kind.

Vier Tage später, Alexa und ich haben uns Wiesn-frei genommen, steigt uns abends im Wohnzimmer ein höchst unangenehmer Geruch in die Nasen. Ich mache mich auf die Suche nach der Quelle und stoße dabei unabsichtlich eine Plastiktüte der Modemarke Zara um. Heraus fließt wirklich übel riechendes Erbrochenes. Das Baddie Bag von Valerie. Fluchend hole ich zwei Rollen Küchenpapier und beginne mit den Reinigungsarbeiten. Alexa flüchtet ins Bad und schließt die Tür hinter sich. Als ich die Stelle mit der halben Flasche meines geliebten Trussardi-Parfüms eingenebelt habe, rufe ich Alexa zu: »Kannst rauskommen, geht wieder halbwegs.« Wir setzen uns trotzdem lieber in die Küche und sehen uns wortlos an. Plötzlich müssen wir beide lachen. »Na ja, wenigstens ist Valerie ihrer Lieblings-Modemarke treu geblieben«, sagt Alexa.

VALERIES WAHRHEIT

Ja, ja, ich weiß. Das war ein bisschen viel Bier. Aber ich hab das, ehrlich gesagt, überhaupt nicht mehr mitbekommen, dauernd stand frisches Bier auf unserem Tisch. Und ständig wollten die Jungs mit uns anstoßen. Irgendjemand hatte von seinem Vater (hörst du, Papa?!) Bier-Gutscheine für die Wiesn gekriegt. Eigentlich sehr cool. Doch nach der zweiten Maß weiß ich gar nicht mehr genau, wie es dann weiterging. Mir war plötzlich nur total schlecht. Nie wieder werde ich Bier trinken. Ich schwöre es! Und Sekt vertrag ich eh viel besser. Als ich von dir und Alexa weg bin, hatte ich das Gefühl, dass ich mich schon viel besser fühle. Ich dachte, ich hätte das mit der Zara-Tüte nur geträumt. Darum hab ich auch nichts gesagt. Leider war es kein Traum. Tut mir leid. Andererseits kannst du auch beruhigt sein, Papa – im Gegensatz zu anderen Leuten in meinem Alter trinke ich echt verdammt wenig. Da gibt es welche, die hauen eine Flasche Wodka am Abend weg. Igitt, das könnte ich nie. Außerdem kenne ich meine Grenzen. Na ja, meistens zumindest.

32. KAPITEL

CLAUDI, DIE KLUGE

»In Chemie haben sie meine Tochter von einer Sechs auf eine Sechs gebracht und in Mathe und Physik von einer Fünf auf eine Fünf.«

Meine Tochter hat einen beachtlichen Verschleiß an Nachhilfelehrern. Bisher waren sie alle männlich, nicht mehr ganz jung und sehr teuer. Ein pensionierter Mathematik- und Physiklehrer aus Neuhausen hatte wirklich die Chuzpe, 80 Euro für eineinhalb Stunden zu fordern. Eine weitere Gemeinsamkeit bei allen Nachhilfelehrern von Valerie: Sie waren erfolglos. Allesamt. In Chemie haben sie meine Tochter von einer Sechs auf eine Sechs gebracht und in Mathe und Physik von einer Fünf auf eine Fünf. Als Valerie mal wieder mit einer schulischen Hiobsbotschaft zu uns kommt, sage ich: »Kleine, so kann das nicht weitergehen. Ich war in den naturwissenschaftlichen Fächern sicher auch kein Genie, aber mit deinen Noten schaffst du das Gymnasium nicht. Also, was machen wir?« Hilfe suchend blickt Valerie zu Alexa. Die hat tatsächlich einen Geistesblitz und sagt: »Valerie, vielleicht würde dir ein junger Nachhilfelehrer oder – noch besser! – eine junge Nachhilfelehrerin mehr bringen. Bei mir war das früher jedenfalls so.«

Dann berichtet Alexa von ihrer eigenen Schulkarriere: »Du kennst doch noch den Matze, meinen früheren Nachbarn, den Chemie-Checker. Den hast du letztes Weihnachten bei meinen Eltern kennengelernt. Also ohne Matze hätte ich das Abi nie geschafft. Der hat mir einmal in fünf Minuten auf der Schultoilette eine komplette Schulaufgabe gelöst. Und er kann so toll erklären, dass sogar ich's kapiert habe. Zwar versteht selbst seine eigene Familie nicht, warum er in den naturwissenschaftlichen Fächern so brillant ist, aber Matze hat es einfach drauf.« Ich: »Stimmt, beim Matze waren wir doch auf der Doktor-Party am Ammersee. Da waren ja auch viele Chemiestudentinnen. Vielleicht ist die passende Nachhilfelehrerin für dich dabei.« Während des Gesprächs hellt sich Valeries Gesichtsausdruck merklich auf. »Ja, das wäre super, wenn du ihn mal für mich anrufen könntest, Alexa«, sagt sie. Alexa: »Klar mache ich das für dich. Null Problemo!«

Matze, das Superhirn, hat tatsächlich einen Top-Tipp für uns: »Ruft doch meine jüngere Schwester Lea an. Die jobbt in diesem

Café in der Stadt. Da gibt's eine andere Aushilfe, die Claudi. Claudi ist Ende zwanzig, studiert ebenfalls Chemie und gibt, soweit ich weiß, auch noch Nachhilfe.« Als wir Lea anrufen, bekommen wir sofort die Handynummer von Claudi. Dann sagt Lea: »Ihr wisst schon, welchen Spitznamen die Claudi hat? Die heißt nur Claudi, die Kluge.« Wir freuen uns, dass Claudi nicht die Halbkluge ist, und vereinbaren ein Probelernen für Valerie. Zu meiner Überraschung sagt Claudi am Telefon gleich euphorisch: »Nachhilfe für die zehnte Klasse – super! Das macht mir viel mehr Spaß, als den Leuten ihren doofen Kaffee an den Tisch zu bringen. Und dann auch noch Nachhilfe für ein Mädchen, das hat bei mir immer gut geklappt.«

Als Claudi zu uns zum Probelernen mit Valerie kommt, sind Alexa und ich begeistert. Claudi ist eine ruhige, besonnene junge Frau, genau die Art, von der wir glauben, dass sie meiner Tochter die Geheimnisse der Naturwissenschaften endlich näherbringen könnte. Während der Teststunde sitzen Alexa und ich auf dem Balkon und lauschen, wie hinter uns Claudi Valerie in der Küche Chemie erklärt. Ich schnappe immer wieder Wortfetzen auf. Claudi spricht von Säure-Base-Paaren, den Eigenschaften des Wasser-Moleküls und der Begrenztheit eines Schalenmodells. Ich verstehe nur Bahnhof. Als Alexa dies bemerkt, schlägt sie mir leise vor, ich solle die Begriffe mit meinem iPhone googeln, um nach der Nachhilfe nicht wie der letzte Chemie-Idiot dazustehen. Gesagt, getan.

Als die Stunde um ist, frage ich Claudi, die Kluge, wie's denn gelaufen sei. Dann sage ich noch mit einem Grinsen im Gesicht: »Also, das mit den Wasser-Molekülen ist ja schon faszinierend. Ich kann mich noch gut an das Experiment erinnern, bei dem eine Münze auf ein Glas voller Wasser gelegt wird und eben nicht untergeht. Das hat ja was mit der Oberflächen-Spannung zu tun.« Claudi schaut erstaunt und fragt: »Ach, Herr Hagen, Sie sind auch Chemiker?« Während Alexa höflich lächelt, sieht mich meine Tochter an wie das achte Weltwunder. »Woher kennt du dich plötzlich mit dem Wasser-Molekül aus?«, will Valerie wissen. »Na ja, selbst bei mir sind einige Fetzen aus dem Chemie-Unterricht hängen geblieben«, erwidere ich und sage zu Claudi: »Nein, um Himmels willen, Chemiker bin ich nicht. Sonst könnte ich meiner Tochter ja alles selbst beibringen.« Dann bezahle ich eine leicht verwirrte Claudi und wir verabschieden uns von der neuen Nachhilfe-Hoffnungsträgerin.

VALERIES WAHRHEIT

Woooaaah, Papa! So war das also?! Da haste mich aber voll reingelegt. Und ich war schon kurz davor, dir einen privaten Doktortitel zu verleihen. Dabei stammt dein Pseudo-Halbwissen nur aus dem Internet. Sehr witzig. Eigentlich hätte ich es mir sofort denken müssen, dass da was nicht stimmen kann. Ich mein, du warst in Mathe, Physik und Chemie noch schlechter als ich. Das will mal was heißen. Was ich aber nicht verstehe: Du hattest in Deutsch und Geschichte früher bessere Noten als ich. Wieso hast du das nicht an mich weitervererbt? Stattdessen habe ich nur einen Teil (zum Glück nur einen *Bruch*-Teil) deiner großen Nase vererbt bekommen. Die bringt mich so überhaupt nicht weiter. Danke schön!

33. KAPITEL

SILICON VALLEY

»Valerie braucht keine größeren Brüste,
sie braucht ein größeres Selbstbewusstsein.«

Zugegeben, ich bin verwöhnt. Meine Verlobte Alexa gehört zu der äußerst seltenen Sorte Frauen, die sich in zehn Minuten ausgehfertig machen können. Bei meiner Tochter ist das anders. Obwohl sie relativ nah an ihrer Schule wohnt, steht sie jeden Morgen bereits um 6:30 Uhr auf. Nicht etwa, um in Ruhe zu frühstücken und die Zeitung zu lesen, nein, ihr Programm läuft anders – duschen, Haare waschen, frisieren, den Schmuck zum richtigen Outfit kombinieren und vor allem: schminken! Make-up, Concealer, Puder, Eyeliner, Lidschatten, Lipgloss etc. Manchmal frage ich mich, ob es ein Gesetz gibt, das Schülerinnen vorschreibt, im Marilyn-Manson-Look das Klassenzimmer zu betreten. Wenn ich an meine eigene Jugend zurückdenke, da bin ich mir sicher, haben sich die Mädels für die Schule keinesfalls so stark aufgebrezelt. Die waren kaum geschminkt, trugen im Unterricht keine hohen Schuhe, keinen Glitzerschmuck und keine tiefen Dekolletés. Das hätten die Lehrer damals schlichtweg verboten.

Noch viel seltsamer als den allgemeinen Schminkwahn finde ich bei Valerie und ihrer Girlie-Gang die obsessive Beschäftigung mit dem eigenen Körper. Neben dem Thema Jungs spielt das Aussehen im heutigen Teenie-Alltag anscheinend die größte Rolle, besonders das Vorhanden- beziehungsweise Nichtvorhandensein von Busen und Po. Als Valerie mal wieder zu Besuch ist, fragt sie Alexa und mich unvermittelt: »Was meint ihr? Ich finde meine Brüste eigentlich ganz okay. Aber mein Po, der ist echt viel zu flach.« Um ihre These zu belegen, steht sie auf, dreht sich mehrmals um die eigene Achse und fasst sich an Busen und Hintern. Konsterniert entgegne ich: »Was redest du da für einen Quatsch? Erstens bist du wunderhübsch und zweitens erst 16. Du wächst doch noch und damit auch alles, was an dir so dran ist.«

Aber so leicht will Valerie das Thema nicht ad acta legen. Sie sagt: »Papa, ich brauche unbedingt einen neuen Push-up-BH.« – »Aber du hast doch bereits einige«, entgegne ich überrascht. Valerie: »Nein, ich möchte so einen richtig krassen. Du weißt schon, so einen, wie man ihn unter dem Dirndl auf dem Oktoberfest trägt. Der würde sich sicher auch im Alltag ganz toll machen.« Vor meinem geistigen Auge sehe ich, wie meine Tochter mit Atombusen die Schule betritt und zumindest der männliche Lehrkörper ihr nonstop auf die Brüste starrt. Ich sage: »Weißt du was: Wenn du dir Münchens größte Push-up-Sammlung anschaffen willst, dann suche dir einen Job. Ich werde dir diese Dinger jedenfalls nicht kaufen. Das ist rausgeworfenes Geld. Du bist eh die Schönste von allen! Ist doch völlig egal, wie groß die Brüste sind.« Alexa schaltet sich ein: »Außerdem verliebt sich kein Junge nur in ein bestimmtes Körperteil von dir. Selbst wenn, solltest du ihn schleunigst in den Wind schießen. Robin liebt dich nicht nur für deine Brüste oder den Po, sondern fürs Gesamtpaket Valerie. Glaub mir, von Frau zu Frau, dieser Brust-Hype ist schwachsinnig.«

Valerie gibt sich aber nicht so schnell geschlagen: »Ich habe euch doch schon mal von der Caro erzählt. Die geht zwar erst in die neunte Klasse, ist aber echt ganz nett. Wisst ihr, was die macht?« Ich: »Keine Ahnung. Spuck's aus!« Valerie: »Die Caro hat mir erzählt, dass sie Hormonpillen nimmt, damit ihre Brüste wachsen.« Prima, denke ich, was für ein Wahnsinn! Wenn jetzt die Mädels schon mit 15, 16, 17 Jahren anfangen, sich mit Chemie vollzustopfen, was machen die erst, wenn sie auf die fünfzig zugehen? Valerie legt nach: »Also dir wäre es lieber, Papa, wenn auch ich Hormonpillen nehmen würde, anstatt mir das Geld für einen neuen Push-up zu geben?« Langsam werde ich sauer. »Was soll dieser billige Erpressungsversuch? Es gibt weder Push noch Pille, verstanden?« Valerie steht auf und sagt: »Okay, Papa, du verstehst halt nicht, was für mich wichtig ist. Ich gehe jetzt nach Hause. Sofort! Ciao!«

Eine halbe Stunde später klingelt mein Handy: »Papa, was ich dir noch nicht erzählt habe – die Caro nimmt nicht nur Hormonpillen, die spart auch schon auf ihre erste Brustvergrößerung. Also vielleicht willst du ja noch mal über den Push-up-BH nachdenken. Schönen Abend noch.« Als ich Alexa von der neuerlichen Drohung erzähle, müssen wir beide lachen. Alexa: »Weißt du, was gut ist? Valerie ist erst 16. Also zumindest die Brust-OP kannst du rechtlich noch locker zwei Jahre verhindern. Bis dahin sind Silikon-Brüste hoffentlich endgültig out!« Ich muss schlucken und sage: »Du weißt ja selbst, wie schnell zwei Jahre vergehen. Und wenn sich Valerie mal etwas in den Kopf gesetzt hat ...« Alexa entgegnet: »Ach, das ist typisch Teenie. Bei mir früher gab es auch eine Phase mit 16, wo alle Mädels nur ihre Oberweite im Kopf hatten. Valerie braucht keine größeren Brüste, sie braucht ein größeres Selbstbewusstsein. Das kann man sich nur leider nicht kaufen – oder im Internet bestellen.«

In dieser Nacht träume ich von dem Vorspann zur Serie *Baywatch*, in dem kleine Frauen mit Riesenbrüsten in knallroten Badeanzügen den Strand von Malibu in Zeitlupe entlangsprinten. Aber alle Pamela Andersons haben Valeries Kopf auf ...

VALERIES WAHRHEIT

Von Brüsten hast du offenbar echt keinen blassen Schimmer, Papa! Was hast du nur für ein Problem mit einem stinknormalen Push-up-BH? Den tragen *alle*. Sooo teuer ist der auch nicht. Ich brauch ja nicht gleich einen mit Swarovski-Steinen. Sei also nicht spießig. Dafür versprech ich dir, dass ich keine Silikon-Brüste will, keine Sorge. Was Jungs an Frauen wie Pamela Anderson finden, habe ich noch nie richtig verstanden. Bei der ist das einfach too much. Trotzdem ist das ein großes Thema bei uns. Es gibt Mädels, die nur mit Tüchern oder Schals vor die Haustür gehen, damit niemand sieht, wie wenig Oberweite sie haben. Schau dir die ganzen Glamour-Magazine an, da sind alle Frauen (und sogar die Models) retuschiert, obwohl sie eh schon tonnenweise Silikon in ihren Brüsten und sonst wo haben. Klar, dass das ein paar Mädels irritiert. Die denken, dass die Jungs nur solche Frauen wollen – weil es ja anscheinend nur noch solche Frauen auf der Welt gibt. Aber ich bin nicht komplett naiv, wie du hoffentlich weißt. Mir reicht ein simpler BH mit ein bisschen Push-up, bitte!

34. KAPITEL

ABEND MIT ELTERN

»Dass ihr auf Teenie und jung macht und in einem Club Jägermeister trinkt, ist ja schon am Rande der Peinlichkeit.«

Es ist unser Abschiedsritual: Wenn Valerie nach einem Besuch bei uns zur Rückfahrt zu ihrer Mutter aufbricht, bringen Alexa und ich sie noch zur Straßenbahn. So ist es auch heute, nachdem wir zwei Stunden lang Geschichte gepaukt haben: »Der 9. November – Schicksalstag der Deutschen im 20. Jahrhundert«. Zu dritt stehen wir vor unserer Lieblings-Hotdog-Bude und warten auf die Linie 35. Da biegt plötzlich Valeries Hass-Freundin Susi, die Sandkasten-Liebe ihres Exfreundes Tyron, auf die sie damals angeblich so eifersüchtig war, um die Ecke, ein erwachsenes Paar im Schlepptau. Sicher die Eltern, kombiniere ich. Valerie und Susi, die eigentlich ganz nett mit ihrem blonden Pferdeschwanz aussieht, würdigen sich keines Blickes. »Oh Gott, die bescheuerte Susi, ich muss weg!«, sagt Valerie genervt und rennt zur ankommenden Tram. Susi läuft in die andere Richtung und ruft ihren Eltern noch was wie »Bin spontan bei Starbucks verabredet!« hinterher.

Alexa und ich stehen vor den Susi-Eltern, die uns etwas ratlos ansehen. Bevor wir alle jetzt auch noch wegrennen, denke ich, könnten wir Erwachsenen ja einfach mal erwachsen sein und uns einander vorstellen. »Sie sind bestimmt Susis Eltern«, sage ich höflich. »Ja, genau. Und Sie?«, antworten die Susi-Eltern. »Ich bin Clemens Hagen, der Vater von Valerie, und das ist Alexa, meine Verlobte.« Jetzt hellen sich die Gesichter der Susi-Eltern auf. »Ah, der Valerie-Vater! Susi schwärmt so oft von Ihrer Tochter!«, meint die Susi-Mutter. Jetzt sehen Alexa und ich uns leicht irritiert an. »Wie schön! Wir heißen Erika und Franz Hauser und wollten uns von unserer Tochter mal das Glockenbachviertel zeigen lassen. Wir kommen ja aus dem eher ruhigen Bogenhausen«, sagt der Susi-Vater fast entschuldigend. »Susi wollte uns heute rumführen, aber jetzt ist sie ja komischerweise auf und davon.«

Die Hausers sehen aus, wie man sich Bogenhausen-Bewohner vorstellt: Sie trägt ein buntes Chanel-Kostümchen, Perlenkette und Hermès-Halstuch, er weißes Hemd, dunklen Anzug und einen Trenchcoat darüber. Meine Tochter wird mich wahrscheinlich dafür

hassen, dennoch frage ich spontan: »Wollen wir vielleicht noch etwas trinken gehen? Wir wohnen ja hier im Viertel und kennen uns ganz gut aus …« Alexa kneift mich in die Seite und räuspert sich übertrieben laut, doch ich denke, dass ich eh viel zu wenige Eltern aus Valeries Freundeskreis kenne. Gut, Susi scheint nicht ihre allerbeste Freundin zu sein, aber mich interessiert grundsätzlich, wie andere Eltern mit Teenie-Kindern umgehen. Die Hausers strahlen uns prompt an und sagen: »Sehr gerne! Eine gute Idee. Wenn sich unsere Töchter so gut verstehen, wird es Zeit, dass wir uns kennen-lernen!« Bitte? Wenn sich Valerie und Susi so sehr mögen würden, wären sie beide doch nicht gleich hysterisch weggerannt. Offenbar haben Hausers einen anderen Blickwinkel auf die Beziehung der Mädels. »Wo geht man denn so hin hier?«, fragt Frau Hauser mehr als vorfreudig. »Hängt ganz davon ab, worauf Sie Lust haben«, erklärt Alexa. Frau Hauser: »Ach, es ist ja schon nach 20 Uhr. Da darf's schon was mit Musik sein.« – »Wie wär's denn mit dem Zar-Club? Der macht gerade auf und ist nicht weit«, schlage ich vor. »Prima«, sagt Herr Hauser, »von dem Club hat unsere Tochter auch schon erzählt. Hoffentlich sind wir dafür nicht zu alt.« Wir machen uns auf den Weg, der Türsteher ist gnädig und lässt uns rein.

Im Zar ist es angenehm halb voll und die Musik noch nicht so laut, dass man schreien muss, um sich zu verstehen. Ich frage Susis Eltern, was sie gern trinken würden. »Das überlassen wir Ihnen. Sie kennen sich hier aus«, sagt Frau Hauser. Von Alexa möchte sie wissen, ob dieser Aperol-Aperitif noch in ist. »Nun«, sagt Alexa diplomatisch. »Zwei Jahre lang war er der Renner in München. Mittlerweile zählt er schon zu den Klassikern – wie Caipirinha oder Bellini.« Ich mache mich auf den Weg zur Theke und denke dabei, dass ich mich fühle, als sei ich noch mal 14 und würde wieder bei den Eltern meiner ersten Freundin auf der Wohnzimmercouch sitzen. Damals fragte mich der Vater doch tatsächlich, was ich später beruflich vorhätte. Als ich ihm wahrheitsgemäß antwortete, dass ich noch keinen blassen Schimmer hätte, musterte er mich von oben bis unten, zog eine Augenbraue hoch und verließ den Raum wortlos – ein Erlebnis, das mich nachhaltig traumatisiert hat. Inspiriert durch die Erinnerungen an die eigene Jugend, bestelle ich beim Barmann eine Runde Jägermeister für uns.

Auf dem Rückweg zu unserem Tisch frage ich mich, ob Kräuterlikör als erste Order nicht doch etwas gewagt ist. »Jägermeister ist bei Teenies total angesagt und der Lieblingsdrink von Valerie«, erkläre ich den Hausers. »Ja, nicht? Susi trinkt den seltsamerweise auch gern«, bestätigt Franz Hauser. »Aber ist der nicht zu stark? Das ist doch Schnaps, oder?« Als der Barmann die Jägermeister bringt, leuchten die Augen der Hausers. Sie exen die Schnapsgläser weg, schwärmen: »Mmh! Der schmeckt durch diese Kräuter richtig gesund«, und verziehen entzückt die Münder. Sofort bestellt Ehepaar Hauser die nächste Runde. Nach der dritten Runde – Alexa und ich wissen inzwischen, dass Herr Hauser Versicherungskaufmann und Frau Hauser Architektin ist – bieten sie uns das Du an. »Darauf sollten wir anstoßen«, sage ich. »Und auf die süße Valerie«, meinen Hausers. »Äh, und Susi«, sage ich noch schnell. Leider fällt mir kein nettes Attribut zu ihr ein, weil Valerie ja stets nur über sie gelästert hat.

Inzwischen ist der Zar-Club gerammelt voll und der DJ hat die Lautstärkeregler bis zum Anschlag hochgedreht. Auf der Tanzfläche küsst sich ein schwules Pärchen, was in unserem Viertel niemanden aufregt. Im Gegenteil. Ich denke noch, dass unsere neuen Freunde Erika und Franz vielleicht pikiert sein könnten, aber die beiden wippen fröhlich-selig zur Musik. »Deine Tochter ist ein Goldstück, Clemens«, sagt Erika und versucht, sich heimlich unter dem Tisch eine Zigarette anzuzünden. Alexa gibt ihr Deckung und Erika, die nicht nur ihre Chanel-Jacke, sondern auch ein paar Bogenhausen-Manieren abgelegt hat, plaudert illegalerweise paffend weiter: »Das mit dem Rauchen ist schon okay, oder? Merkt ja niemand und die Teenies rauchen doch auch alle. Also zurück zu der süßen Valerie: Ich hatte zwar erst zwei, drei Mal das Vergnügen, dass

Susi sie zu uns mitgebracht hat. Aber ich habe da so ein Gespür – Valerie ist schon so erwachsen und reif. Die ruht sehr in sich, nicht? Ganz anders als Susi.«

Alexa und ich sehen uns durch die Rauchschwaden an. Soll ich die Wahrheit sagen, wie überfordert ich oft bin? Oder halten mich die Hausers dann für einen Loser-Papa? »Heute Teenie zu sein ist ja noch mal ganz anders als bei mir damals«, überbrückt Alexa. »Es gibt das Internet, Facebook, alles passiert früher und schneller.« Ich nehme meinen ganzen Mut zusammen und sage schließlich: »Die Pubertät eines jeden Mädchens ist, glaube ich, viel komplizierter als die eines Jungen. Also, es gibt schon Tage, an denen ich nervlich am Ende bin.« Frau Hauser alias Erika meint: »Clemens, da hast du sicher recht. Ich brauche nur an mich zu denken. Wie überfordert meine Eltern früher oft waren. Dabei war ich eine totale Spätzünderin und aus meiner Sicht eigentlich ganz harmlos. Aber für Mädchen ist die Teenie-Zeit wirklich besonders hart.« – »Und für die Eltern damit auch«, sage ich. »Noch härter«, antwortet Franz. »Willkommen im Club«, sage ich und proste den Hausers zu. »Auf unsere Teenie-Töchter!«

Ich bestelle schnell die fünfte Runde Jägermeister. Bevor ich die Wahrheit über das doch eher angeschlagene Verhältnis unserer Töchter sage, muss ich mir etwas Mut antrinken, schließlich sind Erika und Franz ausgesprochen nett und ich möchte ihnen nicht den Abend verderben. »Valerie ist wahnsinnig höflich und ordentlich. Sie hilft sogar beim Geschirrspülen«, berichtet der Franz. Ungläubig höre ich zu und denke an die Berge schmutziger Wäsche, die Valerie in unserer Wohnung regelmäßig hinterlässt. Der Jägermeister wird serviert, unsere neuen Freunde prosten uns zu. Ein wenig nervös stelle ich die nächste Frage: »Verstehen sich unsere Töchter wirklich so gut? Ich hatte eher den Eindruck, dass es zwischen ihnen ein bisschen Ärger gab.«

Die Hausers reagieren überrascht: »Ärger? Wieso? Weshalb?« Alexa beginnt diplomatisch: »Vielleicht ist das auch nur ein klassisches Teenie-Missverständnis. Valerie war vor einiger Zeit etwas eifersüchtig …« Jetzt lachen die Hausers. »Wegen dem Tyron und der Susi – ach, nicht doch!«, sagt Erika. »Der ist überhaupt nicht ihr Typ. Sie mag keine Skater, nur Basketballer.« Oh! Jetzt verstehe ich – oder ich glaube es zumindest. Bevor ich was sagen kann, spricht Erika – mittlerweile leicht beschwipst – meine Gedanken aus: »Valerie hat jetzt diesen Robin als Freund, nicht wahr? Der wäre auch was für unsere Susi! Das ist ein Prachtbursche.«

VALERIES WAHRHEIT

OMG! Erinnerst du dich noch, Papa, was das heißt? Oh my God! Wie konntest du mir so etwas antun? Ausgerechnet mit den Eltern von Susi. Auch wenn die ganz okay sind, wegen Susi geht das gar nicht. Die macht sich an jeden meiner Freunde ran. Voll die Bitch! Tut saufreundlich und versucht hintenrum, mir erst Tyron und jetzt noch Robin auszuspannen. Ich erwarte da echt Solidarität von dir! Lade die Eltern – und vor allem Susi – niemals zu euch ein. Wehe! Dass ihr auf Teenie und jung macht und in einem Club Jägermeister trinkt, ist ja schon am Rande der Peinlichkeit. Aber never ever again mit der Susi-Connection!

35. KAPITEL

PLÖTZLICH PRINZESSIN

Meinen Freund Frederic kenne ich aus Schulzeiten. Frederic entstammt einer alten Adelsfamilie, lebt inzwischen in Paris und arbeitet dort als Investment-Banker. Er ist eine der nettesten »Heuschrecken« des Planeten, wie ich bestätigen darf. Irgendwann vor ungefähr zwanzig Jahren erbte Frederic ein Schloss vor den Toren Münchens, inklusive fünf Millionen Quadratmetern Grund. Das Schloss ist, was seine Größe betrifft, nicht gerade Versailles, bietet aber die perfekte Kulisse für Frederics Hochzeit mit seiner langjährigen Freundin Céline, einer schwarzhaarigen Pariserin aus bester Familie. Als ich kurz vor der Hochzeit Frederic bei der Dekoration des Rittersaales helfe, sagt er zu mir: »Du, Clemens, bring doch Valerie mit. Da kommen auch andere Teenies. Die amüsiert sich bestimmt.« – »Das ist nett, Valerie kommt sicher gerne. Die kennt das Schloss ja noch gar nicht.«

Am Tag der Hochzeit krame ich meinen verstaubten Smoking aus dem Schrank, Alexa wirft sich in ein atemberaubendes Abendkleid und Valerie stößt im kleinen Schwarzen zu uns. Sie hat sich – offenbar inspiriert von der Hochzeit von William und Kate – ein ulkiges Irgendwas auf den Kopf gesetzt, das sie mir als Hut vorstellt. Ich bin stolz auf meine beiden hübschen Frauen und freue mich auf einen entspannten, wenngleich auch etwas dekadenteren Tag. Wir erreichen das Schloss am späten Nachmittag. Als wir das Auto vor dem Reitplatz parken, staunt Valerie über die Araberpferde, die nebenan auf ihrer Koppel grasen. »Wow, die Pferde sind echt wunderschön. Meinst du, dass ich hier mal reiten kann?«, will meine Tochter wissen. »Klar. Vielleicht nicht gerade heute. Aber Vorsicht, die Viecher sind hochgradig nervös«, warne ich Valerie aus eigener schlechter Erfahrung. Wir schreiten den langen kieselbesteinten Fußweg zum Schlosspark entlang, als plötzlich ein Pfau vor uns erscheint. »Das ist ja wie im Zoo. Was gibt's denn sonst noch für Tiere hier?«, fragt Valerie sichtlich beeindruckt. Ich: »Leica, den alten Schlosshund. Und Hühner, die blaue Eier legen.« – »Jetzt nimmst du mich auf den Arm, oder?«, fragt Valerie.

Auch Alexa sieht mich irritiert an. »Keineswegs. Das ist eine besondere spanische Rasse. Die Eier schimmern wirklich blau und schmecken ganz vorzüglich. Ist ja auch passend, dass blaublütige Familien blaue Eier essen«, antworte ich.

Im Schlosspark angekommen, begrüßen wir herzlichst Braut und Bräutigam sowie Frederics Eltern, die im Schloss wohnen und es bewirtschaften. Alexa und ich schnappen uns jeweils ein Glas Champagner und machen ein bisschen Small Talk mit anderen Gästen. Im Hintergrund plätschert der Springbrunnen beruhigend. Valerie ist entrüstet: »Hallo! Bin ich Luft?! Ich will auch Schampus!« Ich winke einen Kellner heran, nehme ein Glas vom Tablett und reiche es meiner Tochter. »Wie heißt das?« Valerie, artig: »Danke, Papa. Warum hast du eigentlich kein Schloss?« – »Ich fürchte, da fehlt deinem Vater das nötige Kleingeld«, sagt Alexa, »mir leider auch. Aber unsere Wohnung ist doch auch ganz lässig. Stell dir vor, du müsstest hier ab und zu staubsaugen. Das würde Monate dauern!« Valerie kichert und verschwindet dann in Richtung eines langen Holzschuppens, der die hundert Jahre alte Schloss-Kegelbahn beherbergt. Alexa und ich erfreuen uns an raffinierten Häppchen und genießen den tollen Sonnenuntergang.

Dann beginnt das Hochzeitsessen. Alexa und ich sitzen an einem Tisch mit Frederics altem Kumpel Carlo, der einer schwerreichen rheinischen Industrie-Adelsfamilie entstammt, eine Schwäche für Gin Tonic und Blondinen hat und sehr, sehr lustig sein kann. Plötzlich kommt Valerie angesaust, wütend schnaufend. »Papa, die haben mich an den Kindertisch gesetzt. Da sind nur so 13-, 14-Jährige. Ich bleibe keine Sekunde länger«, droht sie. Ich: »Jetzt beruhige dich erst mal, Prinzessin. Erstens bist du auch nicht sooo viel älter und zweitens kann man die Gesellschaft ein Abendessen lang auch mal ertragen. Erzähl ihnen doch nette Geschichten aus deinem Leben mit 16 – das finden die sicher spannend.« Valerie: »Gut, aber das tue ich nur für dich. Und als Wiedergutmachung möchte ich diesen coolen Rock von Mango.« Dann stampft sie

zurück an den angeblichen Kindertisch. Carlo blickt mich verwirrt an und sagt: »Die ist ganz schön resolut, dein Töchterchen. Dem Ehemann wünsche ich später mal viel Spaß.« – »Na ja, jetzt hat sie gerade ihren zweiten Freund. Das mit dem Heiraten dauert hoffentlich noch. Außerdem: Warte erst mal ab, bis deine kleine Tochter in die Pubertät kommt«, erwidere ich drohend. »Wirklich so schlimm?«, will Carlo wissen. »Ich habe Teenitus, aber mit Doppel-e. Und das in seiner schlimmsten Form.«

Kurz bevor die Wachtelbrüstchen serviert werden, kommt Valerie wieder an unseren Tisch. »Papa, jetzt reicht's wirklich. Diese ganzen Zwerge aus Paris wollen, dass ich mit ihnen französisch rede. Ich bin hier doch nicht in der Schule.« Ich versuche, meine kleine Furie noch mal zu beruhigen: »Ist doch eine ganz gute Übung. Im letzten Französisch-Test hattest du, wenn ich mich recht erinnere, eine Fünf.« Valerie: »Deshalb muss ich meine Freizeit trotzdem nicht mit so einem Kinderkram verbringen. Jetzt kaufst du mir auch noch das Top zu dem Mango-Rock. Verstanden?« Dann verschwindet sie wieder. Ich sage zu Alexa: »Wenn Valerie weiter so rumzickt, dann hauen wir nach dem Essen ab. Da habe ich echt keine Lust drauf. Oder wir stecken sie in den Schlossturm.« Nach dem Dessert, passenderweise gibt es Mango-Scheiben mit Schokoladensorbet, kommt Fräulein Griesgram wieder zu uns: »Papa, ich bin müde. Ich will jetzt echt nach Hause.« – »Okay, aber eine halbe Stunde wirst du dich noch zusammenreißen! Hör auf, hier Rumpelstilzchen zu spielen. Das ist eine Hochzeit, benimm dich ein bisschen!«

Als wir später zu Valeries Kindertisch gehen, um sie abzuholen – ist ihr Stuhl leer. »Oh nein, ist sie etwa alleine losgezischt?«, frage ich. Ich sehe mich ratlos um. »Sie kennt den Weg nach Hause doch gar nicht!« Alexa tippt mir plötzlich auf die Schulter, grinst und zeigt Richtung Tanzfläche. Da schwingt doch tatsächlich Valerie freudig strahlend und kichernd das Tanzbein mit dem jüngeren Cousin des Bräutigams: Heinrich, nicht der I., aber immerhin schon 18.

»Die Hochzeit ist offiziell wohl nicht mehr scheiße«, meint Alexa. Valerie kommt zu uns gerannt, sagt völlig aus der Puste: »Können wir noch ein bisschen bleiben? Bitte, bitte! Die Musik ist gerade so gut.« – »Das Umfeld offenbar auch«, antworte ich.

Allerdings dauert die Party sowieso nicht mehr lange. Wir nehmen noch einen Absacker an der Bar und treffen wieder unseren Tischnachbarn Carlo, der dem Bräutigam ein eimergroßes Glas Gin Tonic mixt, das Frederic in Rekordzeit leert. Anschließend ist der Blaublütige wirklich blau und verliert beim Tanzen mit einer schönen italienischen Adeligen das Gleichgewicht. Beide fallen auf den harten Steinboden und bleiben eine Minute lang liegen. Die Gäste reagieren schockiert und pikiert. Ein Raunen geht durch den Saal. Braut Céline bekommt sofort einen Tobsuchtsanfall, knallt ihrem frisch Vermählten den Hochzeitsstrauß auf die Füße und stöckelt aufgebracht davon. Damit ist die Party vorbei – und die Hochzeitsnacht wohl auch.

VALERIES WAHRHEIT

Das ist echt wie im Märchen! So ein Schloss ist schon verdammt cool! Leider ist es aber verdammt uncool, am Kindertisch zu sitzen, Papa! Du willst bei solchen Veranstaltungen doch auch nicht an den langweiligsten Tisch überhaupt gesetzt werden, oder? Aber egal. Ich will ja nicht undankbar sein – die Schloss-Party war sonst ganz chillig. Vor allem Heinrich ist nett. Er hat mich auch gefragt, ob wir mal was trinken gehen. Aber ich glaube, so ein Adeliger ist nix für mich. Seine Eltern haben schon seine ganze Zukunft geplant. Welchen Abi-Schnitt er haben muss, auf welche Uni er mal geht. Elite, versteht sich. Das finde ich grauenhaft. Da will ich lieber kein blaues Blut haben.

36. KAPITEL

DRAHTLOS = HIRNLOS?

Ältere Herrschaften, so wie ich selbst eine bin, neigen bekanntlich zu der Annahme, dass früher alles besser war. Manchmal haben sie, glaube ich, sogar recht damit. Ich habe meine Jugend in Zeiten verbracht, als es noch überhaupt keine Handys gab. Sehr wohlhabende Menschen und wichtige Politiker verfügten vielleicht über ein C-Netz-Telefon im Auto, aber für die Allgemeinheit war dieser Luxus schlicht unbezahlbar. Also, wenn ich mich damals mit meinen Freunden treffen wollte, um abends irgendeine Dorf-Disco unsicher zu machen oder einen Club in der Stadt, dann musste ich mich telefonisch mit ihnen verabreden. Ich musste pünktlich am vereinbarten Treffpunkt erscheinen, sonst wären die anderen ohne mich losgedüst. Heute ist alles anders. Und zwar völlig anders.

Wenn Valerie in die Nacht startet, ist nie etwas klar. Verbindliche Verabredungen gibt es heutzutage praktisch gar nicht mehr. Frage ich meine Tochter, was sie am Freitag- oder Samstagabend unternimmt, lauten ihre Antworten etwa folgendermaßen: »Och, Papa, wir gehen erst mal zur Melli und dann sehen wir weiter.« Das können sich die Teenies nur erlauben, weil sie in dem Glauben leben, dass jede und jeder jederzeit via Handy – besser gesagt: Smartphone – erreichbar ist. Trotzdem kommt es bei dieser »Schaun mer mal, dann seh ma scho«-Strategie immer wieder zu kleineren und größeren Katastrophen. Zum einen, weil Menschen in Valeries Alter anscheinend regelmäßig vergessen, ihr Handy aufzuladen. Zum anderen, weil es fatalerweise so etwas wie Funklöcher gibt.

Vergangenes Silvester ist ein gutes Beispiel dafür. Am letzten Tag des alten Jahres, also einen Tag vor der Teenie-Party-Nacht überhaupt, treffen Alexa und ich Valerie in einem Lokal bei uns um die Ecke. Ich ordere zum Brunch mein Standard-Menü: Rührei mit allem (Schinken, Tomate, Champignons, Schnittlauch und Parmesan), ein Weißbier und einen frisch gepressten O-Saft. Die Mädels lachen über meine Bestellung und nehmen zwei gemischte Salate mit gebratener Hühnerbrust und jeweils eine Cola light.

Nachdem die Bedienung weg ist, frage ich Valerie: »Na, jetzt sag mal, wie sieht euer Party-Plan für morgen denn aus?« Valerie nippt an ihrer Cola und sagt: »Ganz einfach, Papa. Erst treffen wir uns alle bei der Steffi. Die hat sturmfrei. Ihre Eltern und ihr kleiner Bruder sind für eine Woche nach Gran Canaria geflogen. Dann kochen wir Chili con Carne.« Ich: »Klingt gemütlich. Und danach?« Valerie: »Danach gehen wir, also so etwa dreißig Leute, in einen coolen Club.« – »Welchen?«, will ich wissen. Valerie: »Keine Ahnung, das entscheiden wir morgen ganz spontan.«

Mir fällt vor Schreck das Rührei von der Gabel und ich blicke entsetzt Alexa an. »Sag mal, Valerie«, warne ich, »meinst du nicht, dass es sehr gewagt ist, an Silvester ›ganz spontan‹ zu dreißigst in einen Club gehen zu wollen? So ganz ohne Reservierung.« – »Ach, Papa, mach dir mal keine Sorgen. Das kriegen wir schon hin.« Unwillkürlich muss ich an Valeries letzte zwei Silvesternächte denken, die für sie tränenreich endeten. Ich bin der Meinung, dass es gut wäre, wenn zumindest Valeries derzeitige Liebe Robin beim bevorstehenden Silvesterabenteuer dabei wäre. Also frage ich: »Und was macht dein Freund morgen?« – »Der feiert erst mit seinen Kumpels und dann treffen wir uns in dem Club.« Als sich Valerie nach dem Essen verabschiedet, weil sie »blöde Mathe-Nachhilfe« hat, sagt Alexa zu mir: »Das kann ja nur schiefgehen. Wie wollen die denn ausgerechnet an Silvester mit so vielen Leuten in einen Club kommen. Die Hälfte ist auch noch minderjährig.« Geknickt antworte ich: »Keine Ahnung.« Vor meinem geistigen Auge sehe ich schon mein eigenes Silvester im Chaos versinken.

Am Silvesterabend sind wir bei Alexas Eltern, um mit ihnen ins neue Jahr zu feiern. Schon während des obligatorischen Fleisch-Fondues blicke ich nonstop auf mein Handy, weil ich sekündlich mit einem Panik-Anruf meiner Tochter rechne. Aber das Telefon bleibt stumm. Nur ab und zu ein leises Piepen, wenn Neujahrs-Wünsche von Verwandten und Freunden eintrudeln. Um Mitternacht stoßen wir mit Champagner aufs neue Jahr an und zünden

ein paar sehr kleine Raketen, weil der Golden Retriever Leo von Alexas Eltern von dem ganzen Geböller sowieso schon verstört genug ist. Da sich mein Kind immer noch nicht gemeldet hat, entschließe ich mich zu einem Kontrollanruf. Statt Valerie spricht aber nur die Mailbox mit mir. Ich hinterlasse eine Nachricht mit den allerallerbesten Wünschen fürs neue Jahr. Ein halbe Stunde später bekomme ich eine SMS von Valerie: »Sind alle ins Fix und Foxy reingekommen!!« Ungläubig, aber gleichzeitig auch irgendwie stolz auf meine Tochter zeige ich Alexa die Nachricht. »Wow! Das ist echt mal eine Meisterleistung – gerade an Silvester«, sagt Alexa anerkennend.

Am nächsten Tag erzählt mir Valerie am Telefon die ganze Wahrheit: »Also, Papa, das lief gestern so: Ich bin ganz normal rein ins Fix und Foxy. Dann bin ich wieder raus und hab den Eintrittsstempel für die anderen kopiert, damit sie nicht zahlen müssen. Du weißt schon, mit diesem Rohes-Ei-Trick, den mir Alexa mal verraten hat. Hat alles bestens geklappt. Wir haben uns drinnen im Club so was von schlapp gelacht. Nur dann, also später, musste ich heulen …« – »Was?! Um Himmels willen! Warum? Klingt doch nach einem gelungenen Abend.« Mit plötzlich sehr trauriger Stimme antwortet Valerie: »Na ja, ich dachte, der Robin mag mich nicht mehr. Der ist nicht aufgetaucht und hat sich auch nicht gemeldet!« Valerie tut mir leid. Sie klingt wirklich traurig. Hoffentlich bahnt sich da nicht schon die nächste Beziehungskrise an, denke ich. »Wusste er denn, wo du warst?«, will ich wissen. »Nee, das war ja das Problem«, sagt Valerie. »Der hat direkt nebenan vom Fix und Foxy, also im Bubi, gefeiert. Wir waren praktisch nur durch eine Wand getrennt. Aber da ist halt Funkloch in den beiden Clubs und deshalb wussten wir nicht, wo der andere war. Echt blöd.« – »Weißt du was, Valerie«, versuche ich, meine Tochter zu trösten, »das nächste Mal verabredet ihr euch richtig, bevor ihr weggeht. Ganz old-school-mäßig, so mit Ort und Uhrzeit, so wie wir das früher auch getan haben.«

Als ich Alexa die ganze Geschichte berichte, muss ich schmunzeln. Meine Tochter hat sich ein neues golden-silbernes Silvester-Kleid organisiert, neue Silvester-Ohrringe mit schwarzen Federn dran und sogar ein neues Silvester-Parfum (Miss Dior Chérie L'Eau). Aber einen Silvester-Treffpunkt mit ihrem Freund auszumachen, das hat sie leider nicht geschafft.

VALERIES WAHRHEIT

Ja, ja, Papa, spiel hier nicht den Oberklugen. Und lass diesen »Früher war alles besser«-Scheiß. Schon klar. Ich bin selber schuld. Aber weißt du was: Die Zeiten haben sich geändert. Du hast früher deine Party-Einladungen sicher noch mit einer Brieftaube bekommen und am Lagerfeuer mit Rauchzeichen zugesagt. Haha! Ich bin froh, wie es heute ist. Also, wenn auch wirklich alles klappt (inklusive Silvester).

37. KAPITEL

ABGEFAHREN

apa«, platzt es aus Valerie heraus, »das ist so krass. Louisa hat die Führerscheinprüfung bestanden. Die ist 18 und darf jetzt ganz offiziell Auto fahren. Ihre Eltern haben ihr auch schon einen VW Golf gekauft. Weißt du, was das heißt? Ich werde garantiert nie wieder U-Bahn, S-Bahn, Trambahn oder Bus fahren. Ich fahre jetzt nur noch mit Louisa.« – »Das freut mich ja außerordentlich«, lüge ich meine Tochter an. In Wahrheit bin ich nämlich keineswegs begeistert, sondern zutiefst besorgt. Ich erinnere mich daran, wie oft ich selbst als Fahranfänger dem Tod von der Schippe gesprungen bin. Zugegebenermaßen lag dies auch daran, dass mir meine Mutter 1980 als erstes Auto ihren »abgelegten« Mercedes 280 CE überließ. Ein Wagen mit 185 PS und einer Höchstgeschwindigkeit von knapp 220 Kilometern pro Stunde ist einfach zu gefährlich für einen 18-Jährigen, wie ich heute – quasi im Rückspiegel betrachtet – gestehen muss.

Im Fall von Louisa kommt erschwerend hinzu, dass sie als Party-Nudel gilt, die mehr Jägermeister verträgt als alle Jungs zusammen. Außerdem ist es Januar, die Zeit von Schneefall, Blitzeis und beschlagenen Windschutzscheiben. Ebenfalls beunruhigend finde ich die Tatsache, dass anscheinend viele Frauen unter Nachtblindheit leiden, was sie – typisch Frau – natürlich nie zugeben. Jedenfalls ist es bei Alexa so und bei ihrer Mutter ebenfalls. Ich fasse einen gewagten Plan. »Valerie«, sage ich, »ich will mit eigenen Augen sehen, dass Louisa sicher Auto fährt. Ich spiele eine Stunde lang Fahrlehrer, sonst lasse ich dich nicht bei ihr einsteigen. Basta!« – »Bist du völlig verrückt geworden?«, erwidert meine Tochter. »Das kommt überhaupt nicht infrage. Du bist so was von voll peinlich.« – »Okay«, sage ich, »ganz wie du willst. Dann wirst du auch in Zukunft öffentliche Verkehrsmittel benutzen.« Wütend blickt mich Valerie an und sagt: »Du bist echt der nervigste Vater der Welt. Aber gut, ich rufe Louisa jetzt an und mache einen Termin für deine Fahrstunde.«

Fünf Minuten später kehrt mein Kind aus dem Nebenzimmer zurück. »Nächsten Dienstag um 18 Uhr treffen wir uns an der

U-Bahn-Station Münchner Freiheit mit Louisa.« Dann verschwindet Valerie, immer noch empört, aus unserer Wohnung. Als der Tag von Louisas zweiter »Führerschein-Prüfung« da ist, fahre ich mit der U-Bahn zum vereinbarten Treffpunkt nach Schwabing. Schnell entdecke ich den dunkelblauen, ziemlich stark verbeulten Golf mit Louisa am Steuer und Valerie auf dem Beifahrersitz. Ich begrüße die beiden Mädels und erkläre Valerie, dass sie auf der Rückbank Platz nehmen soll, weil ja mir als Teenie-Auto-Checker der Beifahrersitz gebührt. »Wo soll ich denn jetzt bitte schön hinfahren?«, will Louisa von mir wissen. »Ach, lass uns doch einfach ein bisschen durch Schwabing kurven«, schlage ich vor.

Als Louisa den Zündschlüssel umdreht, den ersten Gang einlegt und losfahren will, würgt sie gleich den Motor ab. Sie hat vergessen, die Handbremse zu lösen. »Peinlich, peinlich«, sagt sie, »das ist mir vorher noch nie passiert.« – »Dann schnall dich wenigstens an«, schlage ich vor. Das geht ja gut los, denke ich mir, Louisa ist offensichtlich aufgeregter als bei ihrer echten Führerschein-Prüfung. Vielleicht weil sie weiß, dass Valerie nie bei ihr mitfahren darf, wenn sie bei mir »durchfällt«. Um sich zu beruhigen, dreht sie erst mal die Auto-Stereoanlage auf. David Guetta, Lieblings-DJ aller Teenie-Mädels, dröhnt aus den Boxen. Als sich Louisa eine Zigarette anzündet, fährt sie fast einen Radfahrer über den Haufen. »Vorsicht«, sage ich, »mit einem verletzten Radler zum Schwabinger Krankenhaus düsen, das will ich heute Abend auch nicht unbedingt.« Die Warnung scheint bei Louisa allerdings nicht so richtig angekommen zu sein. Jetzt tippt sie, immer noch die Zigarette in der einen Hand, mit der anderen Hand eine SMS in ihren Blackberry.

Ich blicke über die Schulter zu Valerie, die ihre Augen verdreht. »Papa«, sagt sie, »jetzt nerv nicht schon wieder. Die Louisa hat alles voll im Griff.« Klar, denke ich und prüfe, ob der Verschluss meines Sicherheitsgurtes wirklich richtig eingerastet ist. Als Louisa die SMS endlich verschickt hat, holt sie sich eine Dose Red Bull aus der Türablage. »Uff«, sage ich, »konzentriere dich zwischendrin vielleicht doch auch mal auf den Verkehr.« – »Keine Angst, Herr Hagen«, antwortet Louisa, »das ist meine Hood. Hier kenne ich mich so gut aus, dass ich auch mit geschlossenen Augen fahren könnte.« Das tut Louisa glücklicherweise dann doch nicht, aber wenig später zieht sie sich bei knapp 70 Kilometer pro Stunde den Lidstrich nach. Ich überlege kurz, ob ich mir nicht besser ein Taxi nehmen sollte, da zeigt mir Louisa, dass sie es wirklich draufhat.

Aus einer finsteren, kaum beleuchteten Seitenstraße kommt ein schwarzer Porsche 911 herausgeschossen und nimmt Louisa die Vorfahrt. Sie legt eine Vollbremsung hin und verhindert so, dass wir dem Porsche ins Heck krachen. Zu meiner Verwunderung erkenne ich gerade noch, dass auf der Porsche-Rückscheibe »Abi 2011« steht. Dann zolle ich unserer Fahrerin Respekt: »Louisa, da hast du wirklich super reagiert. Respekt!« Louisa ist die Ruhe selbst. Sie sagt: »In solchen Situationen sind alte Menschen schnell mal überfordert. Aber wir, also Valerie und ich, wir sind ja noch jung.« Ich beschließe, die Mädels zur Belohnung auf einen – natürlich alkoholfreien – Drink einzuladen und lotse Louisa zu Trudies Trucker-Stop im nahe gelegenen Industriegebiet.

Bei Cola und Wiener Würstchen erklärt mir Louisa, dass sie die Idee mit der Valerie-Papa-Fahrprüfung eigentlich ganz gut findet. »Also, wenn ich später mal Kinder haben sollte, dann mache ich das auch. Ist schon wichtig zu wissen für Väter und Mütter, dass ihre Kinder in Sicherheit sind, wenn sie mit ihren Freunden unterwegs sind«, sagt sie. Ich beiße in das lauwarme Würstchen und bin stolz, dass auch Valeries Teenie-Mädels vielleicht mal was von mir altem Knacker lernen können.

VALERIES WAHRHEIT

Ich bin ja schon auf alle Freundinnen neidisch, die 18 sind und überall reinkommen – aber wenn sie dazu noch einen Führerschein haben (plus Auto!), bin ich restlos eifersüchtig. Aber natürlich auch begeistert. Es ist sooo ein tolles Gefühl, mit Louisa (und vor allem ohne dich, Papa) durch die Stadt zu cruisen. Das fühlt sich wirklich erwachsen an. Leider ist es jedoch so, dass ich trotzdem noch mit der nervigen U-Bahn fahren muss, weil gerade abends die Fahr-Laune bei Louisa und Co abnimmt. Die wollen lieber was trinken, als dauernd Chauffeur zu spielen.

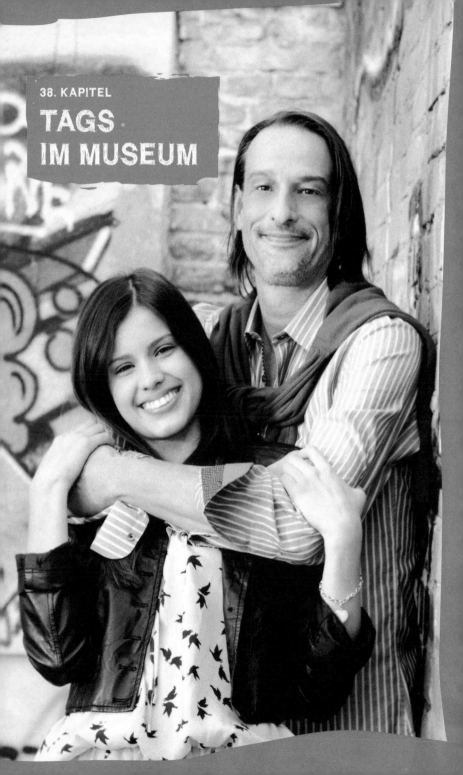

38. KAPITEL

TAGS IM MUSEUM

»Das Haus der Kunst ist schließlich ein Museum und kein Spielwarenladen.«

Manchmal frage ich mich, was Valerie und ihre Altersgenossinnen in der Schule eigentlich lernen. So auch, als ich mit meiner Tochter mal wieder Sozialkunde büffele und sie auf meine Frage, wie denn unser Bundespräsident heißt, nur mit den Schultern zuckt. In solchen Momenten wird mir klar, dass die Schule alleine es nicht richten kann. Vielmehr sind auch die Eltern in Sachen Bildung und Kultur gefordert. Deshalb nehme ich ab sofort jede Chance auf Erweiterung von Valeries Horizont wahr, und zwar gnadenlos. Gerade recht kommt mir da die Ausstellung des berühmten chinesischen Künstlers Ai Weiwei in München. Ich rufe Valerie an und schlage einen Besuch im Haus der Kunst vor. »Och, Papa«, erwidert meine Tochter mit Trauerstimme am Telefon, »ich wollte mit den Mädels in die Stadt zum Shoppen. Ich brauche doch noch ganz dringend ein neues Kleid für Mellis Geburtstag.« Ich: »Keine Widerrede. Heute gibt's Ai Weiwei statt H&M und Zara. Außerdem hast du weiß Gott schon genug Kleider im Schrank hängen.«

Als Valerie eine gute Stunde später kommt, macht sie ein Gesicht, als hätte ich sie mit einem Monat verschärftem Hausarrest inklusive Fernsehverbot bestraft. Trotzdem bleibe ich – Überraschung! – dieses Mal hart und – noch größere Überraschung! – soll dafür sogar belohnt werden, zumindest irgendwie. Zwar mault Valerie auf der Fahrt zum Haus der Kunst immer noch rum (»Kunstausstellungen sind doch nur was für alte Menschen«), aber als wir unser Ziel erreichen, geschieht ein kleines Wunder. Die Fassade des Museums ist mit unzähligen kleinen, bunten Rucksäcken verziert und Valerie bleibt fasziniert davor stehen. »Papa, was soll denn das sein?«, fragt sie. Ich: »Das sind chinesische Schul-Rucksäcke, die sollen an das Erdbeben 2008 in der Provinz Sichuan erinnern, bei dem 5000 Kinder ums Leben kamen.« Schließlich habe ich mich gewissenhaft auf die »Zwangs-Kultur-Tour« mit meiner Tochter vorbereitet. Valerie: »Krass, das ist ja schrecklich, die armen Kinder.« Zehn Minuten lang bestaunt meine Tochter schweigend die Installation.

Als wir an der Museumskasse unsere Eintrittskarten kaufen, sehe ich, wie sich Valerie verstohlen eine kleine Träne aus dem Auge wischt. Ich: »Du musst dich nicht schämen. Die Ausstellung heißt ja auch *So Sorry*.« Wir betreten die ersten Räume, sehen großartige Kunstwerke wie chinesische Antiquitäten, uralte Bäume und Wurzeln oder jahrtausendealte Tempelbalken, allesamt von Ai Weiwei verfremdet. Plötzlich ist Valerie weg. Ich blicke Alexa fragend an: »Wo ist denn die Kleine hin?« Alexa: »Keine Ahnung, gerade war sie doch noch hier.« Da kommt ein aufgeregter Museumswärter auf uns zugelaufen. Er fragt: »Ist das Ihre Tochter?« Als Valerie um die Ecke biegt, bejahe ich. Der wütende Wärter: »Wissen Sie, was sie getan hat? Sie hat sich auf einen antiken chinesischen Stuhl gesetzt, der Teil einer Installation des Künstlers ist.« Ich: »Aber es ist doch hoffentlich nichts kaputtgegangen, oder?« Der Mann in Uniform: »Nein, zum Glück nicht. Aber passen Sie besser auf Ihr Kind auf.« Als er verschwindet, blicke ich Valerie fragend an. Sie: »Papa, ich war so traurig wegen der vielen toten Kinder, ich musste mich einfach kurz mal hinsetzen.«

Ich beschließe, dass es Zeit für eine kleine Pause in der Museums-Cafeteria ist. Bei Cola und Streuselkuchen erholt sich meine Tochter schnell. »Papa, wir können unseren Rundgang jetzt gerne fortsetzen«, sagt sie und klingt dabei schon ganz wie ein kleiner Museums-Profi. Weiter geht es. Wir bestaunen immer neue faszinierende Kunstwerke von Ai Weiwei. Bis, ja bis Valerie plötzlich wieder weg ist. Ich zu Alexa: »Das kann doch nicht wahr sein. Was stellt sie denn jetzt schon wieder an?« Da passiert es: Derselbe Museumswärter wie vorhin kommt auf uns zugerannt. Dieses Mal mit Zornesfalten auf der Stirn und bebender Stimme. »Jetzt ist das Maß voll! Ihre Tochter hat eine Murmel gestohlen! Ich hab's genau gesehen!« Als wir den nächsten Ausstellungsraum betreten, verstehe ich. Valerie steht vor einer riesigen Vase aus der Han-Dynastie, die beige lackiert und mit Tausenden beiger Murmeln gefüllt ist. Ich zu meiner Tochter: »Was hast du dir denn gedacht?

Glaubst du, das hier ist alles Kunst to go?«< Valerie, kleinlaut: »Nein, aber da sind so viele Murmeln drin. Ich wollte doch nur eine als Erinnerung.« – »Ja, aber wenn jeder Besucher eine Murmel stibitzt, dann ist die Vase ratzfatz leer«, erwidere ich.

Der Wärter, der unsere Diskussion gehört hat, mischt sich ein: »Wissen Sie was? Sie kriegen alle von mir Hausverbot erteilt. Ich lasse mir das nicht gefallen. Basta!« Da alle Entschuldigungs- und Beruhigungsversuche unsererseits fehlschlagen, verlassen wir das Haus der Kunst. Zwar glaube ich nicht, dass jetzt ein Fahndungsplakat mit unseren drei Köpfen und der Überschrift »Wanted – dead or alive« am Museumseingang hängt, bin aber trotzdem sauer auf Valerie: »Was hast du dir nur gedacht? Die Aktion war oberpeinlich. Das Haus der Kunst ist schließlich ein Museum und kein Spielwarenladen. Du könntest jetzt ruhig zu uns ›So sorry‹ sagen.« Valerie piepst leise: »Entschuldigung, beim nächsten Museumsbesuch mach ich's besser. Versprochen.«

Als uns Valerie einige Tage später wieder besucht, drücke ich ihr zur Begrüßung einen kleinen Beutel mit quietschbunten Murmeln in die Hand. »Hier, für dich. Die habe ich beim Aufräumen im Keller in einem Umzugskarton mit deinen alten Spielsachen gefunden. Willst du auch deine Barbie-Puppen wiederhaben?« Valerie sieht mich entrüstet an: »Mensch, Papa, ich bin doch kein Baby mehr …«

VALERIES WAHRHEIT

Reg dich mal ab, Papa! Du hast mir erst kürzlich erzählt, dass du dich auf der Abi-Reise mit deiner Mutter im Louvre in Paris (*Paris* – wo ich dank dir ja wohl nie hinreisen darf!) total danebenbenommen hast. Du hast den Rahmen der Mona Lisa berührt und damit einen Großalarm ausgelöst, wie du mir grinsend erzählt hast. Dagegen ist so eine winzige Murmel doch gar nix. Die kriegst du in jedem Spielwarengeschäft hinterhergeworfen.

39. KAPITEL

DER TOD KOMMT ZWEIMAL

»Du, Papa, das Leben ist einfach zu kurz, um auf so etwas Leckeres zu verzichten.«

Manchmal tut mir mein Kind richtig leid. Valerie muss für Religion ein Portfolio zum Thema Nahtod-Erfahrungen schreiben, mindestens zehn DIN-A4-Seiten, reichhaltig illustriert. Zwar ist das Internet voll von Berichten armer Menschen, die ein solches Erlebnis in einer lebensbedrohlichen Situation hatten: Gleißendes Licht am Ende eines langen Tunnels, friedvolles Gefühl, oft klassische Musik, aber es ist und bleibt ein trauriges Thema. Ich bin erleichtert, als mir meine Tochter am Telefon erzählt, dass sie die Arbeit ohne meine Hilfe schreiben will. Ältere Menschen wie ich gehen dem Thema Tod bekanntlich gerne aus dem Weg. Nach gut einer Woche ruft mich Valerie wieder an: »Papa, ich habe in Reli eine Zwei für mein Portfolio bekommen. Gut, oder?« Ich bejahe und verdränge dann die Sterblichkeit der Menschen wieder aus meinen Gedanken. Zu früh …

Keine zwei Wochen später bekomme ich einen Anruf von meinem Bruder aus Berlin, dass meine Patentante Lilly mit 103 Jahren in München gestorben ist. Mein Bruder ist mit Lillys Sohn befreundet und erfuhr so die traurige Nachricht. Lilly hatte ein hartes Leben. Ihr Mann, ein bekannter Dirigent, wurde kurz nach dem Krieg in Berlin versehentlich an einem amerikanischen Checkpoint von einem GI erschossen. Lilly emigrierte wenig später nach Chile, eröffnete in Santiago eine Wäscherei. Aber nach einigen kargen Jahren in Südamerika kehrte sie wieder nach Deutschland zurück und lebte ihr langes Leben alleine in München. Als ich selber noch ein Kind war, kümmerte sie sich rührend um mich. Sie schneiderte Kleidung für meinen geliebten »Anzieh-Hasen« und schenkte mir sogar eine selbst genähte Pumuckl-Puppe. Nicht zu vergessen sind die zahllosen Geburtstags- und Weihnachtsgeschenke, die ich nur dank ihrer Hilfe für meine Eltern basteln konnte.

Als ich Valerie von Lillys Tod erzähle, sagt sie: »Oh nein! Das tut mir aber leid, Papa. Ich habe die Lilly ja auch noch kurz kennengelernt. Aber da war sie schon nicht mehr so ganz fit.« Ich erinnere mich an unseren gemeinsamen Besuch bei Lilly und sage: »Die

Beerdigung ist am Freitag auf dem Waldfriedhof. Wenn du mitkommen willst, dann rede ich mit deinem Klassenlehrer. Der gibt dir sicher schulfrei.« Valerie: »Schulfrei ist natürlich immer cool, aber ich weiß nicht. Muss ich mit? Ich war ja noch nie auf einer Beerdigung. Das ist sicher schon irgendwie seltsam und traurig.« Ich: »Also für mich wärst du als Begleitung schon sehr schön. Du weißt ja, dass Alexa auf einer Dienstreise ist und mein Bruder in Berlin einen wichtigen Vortrag halten muss. Beerdigungen sind immer furchtbar, aber zusammen packt man das besser.« – »Okay, dann komme ich mit«, sagt meine Tochter und erweist mir damit tatsächlich einen großen Dienst.

Am Tag der Beerdigung treffen Valerie und ich uns am Hauptbahnhof. Auf der Straßenbahnfahrt zum Waldfriedhof sagt meine Tochter plötzlich: »Du, Papa, ich habe gestern im Fernsehen so eine Doku über eine riesige Hühnerfarm gesehen. Vor allem auch, wie die Hühner da umgebracht werden. Grausam! Die haben mir so leidgetan, die armen Tiere. Ich glaube, ich bin jetzt Vegetarierin.« Ich: »Na ja, das ist ja auch irgendwie freudlos, oder? Außerdem musst du nicht in den Supermarkt gehen, um Huhn zu kaufen. Da ist der Fleischer deines Vertrauens die bessere Wahl. Der kann dir auch sagen, wo er die Hühner herbekommt, wie sie davor gelebt haben und wie sie gestorben sind. Und Fleisch hat schon wichtige Nährstoffe.« Als ich mir nach unserer kurzen Vegetarier-Debatte meine Tochter genauer ansehe, fällt mir auf, dass sie das kurze schwarze Kleid trägt, das sonst ihr Favorit für samstägliche Clubabende ist. »Das Kleid trägst du doch nur in der Disco, dachte ich«, sage ich zu Valerie. »Stimmt, aber es passt doch auch zu einem solchen Anlass.« Da muss ich ihr recht geben.

Die Beerdigung selbst ist kurz und emotional. Wir kondolieren Lillys Sohn, während der Rede des Pfarrers kommen mir die Tränen. »Ich dachte, dass ältere Menschen nicht mehr weinen können, weil alle Tränen aufgebraucht sind«, flüstert mir Valerie zu. Als mich mein Kind fest in den Arm nimmt und drückt, heule ich wie ein Schlosshund. Auf dem Weg zum Leichenschmaus sagt Valerie: »Gott, sind Beerdigungen schrecklich. Das ist ja noch viel schlimmer als die Hühner-Doku.« – »Na ja, es geht schließlich auch um geliebte Menschen und nicht um irgendwelches Federvieh«, erwidere ich und putze mir die Nase. Während des Essens sehe ich, wie Valerie mit ihrem neu erwachten Interesse für vegetarische Ernährung kämpft. Sie stochert in ihrem Salat herum, doch am Ende greift sie sich ein dickes Fleischpflanzerl, tunkt es in Senf und sagt: »Du, Papa, das Leben ist einfach zu kurz, um auf so etwas Leckeres zu verzichten.«

VALERIES WAHRHEIT

Die Beerdigung war echt ein Schock für mich. Irgendwie habe ich noch nie so richtig darüber nachgedacht, dass Menschen, die man selber kennt, sterben können. Bei Lady Di war ich gerade zwei und hab das null mitbekommen. Klar bin ich traurig, wenn Stars wie Michael Jackson, Amy Winehouse oder Whitney Houston plötzlich sterben. Aber die sind so weit weg. Deshalb ging mir der Tod von Lilly auch so nahe. In Zukunft begleite ich dich lieber zu Geburten – oder zumindest zu Geburtstagen.

40. KAPITEL

EIN KLAVIER, EIN KLAVIER

Was tut man als Vater nicht alles, um sein Kind musisch zu fördern? Zu einer Zeit, als Valerie – zumindest in meinem Gedächtnis – noch Lichtjahre von der Pubertät entfernt war, versuchte ich es bei ihr mit Ballett, mit Kinder-Hip-Hop bei Monikas Tanzmobil und sogar mit Klavierunterricht. Valerie muss so etwa zehn Jahre alt gewesen sein, als sie zu ihrer Klavierlehrerin Frau Duckler kam. Natürlich spielten die Kinder dort erst einmal auf dem Keyboard. Frau Duckler war Französin, trug ihre schwarzen Haare zu einem strengen Pferdeschwanz gebunden und machte auch ansonsten einen sehr bestimmenden Eindruck. Valerie hielt ein gutes Jahr bei Frau Duckler durch. Dann kam sie eines Tages zu mir und sagte: »Papa, die Frau Duckler haut uns immer mit dem Taktstock auf die Finger, wenn wir einen Fehler machen.« Ich: »Wie bitte?! Da gehst du keinesfalls weiter hin, das kommt gar nicht infrage!« Die kleine Valerie: »Genau! Ich habe auch keine Lust mehr auf das Klavier.« Ich bot ihr an, nach einem anderen Klavierlehrer zu suchen, aber das Keyboard verstaubte fortan im Keller. Und ich verabschiedete mich von der Idee, irgendwann eine kleine Mozartine bestaunen zu dürfen.

Schneller Vorlauf: Ungefähr fünf Jahre später, Valerie und ich sitzen im Wirtshaus Franziskaner in der Innenstadt und mampfen köstlichen Schweinebraten, da sagt meine Tochter plötzlich: »Papa, ich wünsche mir ein Klavier.« Mir fällt fast ein großes Stück Kartoffelknödel aus dem Mund. »Das ist ja mal ein bescheidener Wunsch, der auch noch völlig unverhofft kommt. Ich dachte, du hättest mit deiner Karriere als Star-Pianistin längst abgeschlossen«, erwidere ich. Valerie: »Ich hab kürzlich in einer Casting-Show im Fernsehen einen Jungen Klavier spielen gehört, das klang so wunderschön. Wer Klavier spielt, kommt bei allen Leuten an. Papa, bitte! Wenn ich dann mal berühmt bin und reich, kannst du doch auch froh sein. Dann brauche ich kein Geld mehr von dir und kann dir sogar was schenken.« Ich schmunzele: »Klingt nach einem tollen Plan. Aber weißt du noch, wie die Geschichte mit dem

Reiten lief? Da warst du 13 und wolltest unbedingt ein eigenes Pferd. Eine Woche später, glaube ich, hast du dann zum letzten Mal einen Reitstall betreten, weil du keine Lust mehr auf Pferde hattest.« Valerie: »Aber, Papa, jetzt ist das völlig anders. Ich bin fast erwachsen und ändere nicht mehr dauernd meine Meinung. Ich will wirklich ein Klavier.« – »Schau, dein Geburtstag ist ja zum Glück noch lange hin ...« Valerie unterbricht mich: »Nicht zum Geburtstag! Zum Namenstag! Alle meine Freundinnen kriegen Geschenke zum Namenstag. Da ich noch nie etwas bekommen habe, dachte ich, dass ich dieses Jahr etwas Größeres kriegen kann.« Angesichts meiner neuen Aufgabe, ein halbwegs bezahlbares Klavier aufzutreiben, bestelle ich erst einmal ein helles Bier. Falls es Valerie tatsächlich ernst meint, will ich der Letzte sein, der ihr auf der Tonleiter nach oben im Weg steht.

Wenige Tage später mache ich mich online auf Klaviersuche. Um mich inspirieren zu lassen, lade ich vorher noch die berühmten Goldberg-Variationen des kanadischen Pianisten Glenn Gould auf meinen iPod. Ein bisschen Bach beim Surfen kann ja nicht schaden, denke ich. Als ich die diversen Anbieter gebrauchter Klaviere durchstöbere, trifft mich beinahe der Schlag: Kawai Nussbaum, gebraucht für 1800 Euro, Yamaha schwarz, gebraucht für 1990 Euro, Zimmermann weiß, gebraucht für 2000 Euro. Secondhand – leider ohne Secondhand-Preise. Dazu kommen auch noch die Kosten für den Transport, fürs Stimmen und für den Klavierlehrer. Es gibt Gesprächsbedarf mit Valerie. Als ich meine Tochter anrufe, um ihr von den astronomischen Kosten für Tasteninstrumente zu berichten, sagt sie: »Gut, dass du dich meldest. Ich hab jetzt noch mal nachgedacht. Ich will doch kein Klavier. Ich will jetzt einen Dackel!« – »Du machst Scherze, oder? Dein alter Vater sitzt seit Stunden vor dem PC und sucht nach einem Klavier für dich. Hättest du dir das nicht früher überlegen können?« Valerie sagt mit ihrer Piepsstimme: »Sorry, aber ich träume jetzt halt von einem Hund.«

Am nächsten Wochenende treffen wir uns alle bei Alexas Eltern, die ja den Bilderbuch-Hund Leo haben. Pädagogisch wertvoll fordern wir Valerie auf, mit dem Leo eine Runde Gassi zu gehen. Draußen ist es warm, aber es regnet ein bisschen. Valerie: »Och, hier drinnen finde ich es gerade so gemütlich. Kann nicht jemand anderes gehen?« Jetzt werde ich ungehalten und sage: »Erst willst du ein Klavier, dann wieder nicht. Dann willst du einen Hund, hast aber keine Lust, Verantwortung zu übernehmen. Das ist doch alles Kinderkram.« Valerie: »Mir war klar, dass du mir keinen Hund schenkst. Du bist nicht nur gemein, sondern auch geizig.« Um den ansonsten harmonischen Tag nicht zu gefährden, beschließe ich, auf diesen Vorwurf nicht weiter einzugehen. Zum Abendessen gibt es grandiose selbst gemachte Pizza von Alexas Vater, danach spielen wir alle zusammen eine Runde Tabu. Zum Glück redet keiner mehr über Klaviere oder Dackel.

Zwei Wochen später fliegen Alexa und ich für ein verlängertes Wochenende nach Mallorca. Wir haben einen sehr günstigen Flug bekommen und können bei einem Bekannten von Alexa in einem coolen Loft in der Altstadt von Palma wohnen. Am Tag nach unserer Ankunft lotst mich meine Verlobte, die sich auf Mallorca blendend auskennt, zu Zara Home, der Einrichtungslinie der spanischen Modemarke. Sie sagt: »Schatz, die gibt's nur in Spanien, die haben saucoole Sachen.« Ich lasse mich breitschlagen und trotte im Zara-Laden, typisch Mann, unmotiviert, hinter Alexa her. Plötzlich entdecke ich in einem Regal eine wirklich stylishe Kaffeetasse – mit Dackel-Dekor. Erfreut rufe ich: »Schau, da haben wir das perfekte Geschenk für Valerie. Ein wunderschöner Dackel, ganz ohne Verantwortung.« Alexa muss lachen: »Solange sie die Tasse nicht fallen lässt ...«

Als wir Valerie das Geschenk überreichen, ist sie sogar selbst happy und sagt: »Wahrscheinlich habt ihr recht. Bei den vielen Partys hab ich gar keine Zeit für einen echten Dackel. Und mein Tamagotchi hat damals ja auch nur einen halben Tag überlebt.«

VALERIES WAHRHEIT

Ob Klavier oder Dackel – manchmal habe ich halt so Geistesblitz-Wünsche. Du doch auch, Papa! Deine sauteuren schwarz-roten Cowboy-Stiefel aus Haifischleder, die du unbedingt haben wolltest, hast du bisher kein einziges Mal getragen. Und das ist jetzt sechs Jahre her! Für das Geld hätte ich mir gleich eine ganze Dackel-familie kaufen können. Na ja, die Tasse aus Malle ist dafür echt sweet. Sie ist mir auch nie runtergefallen, obwohl ich jeden Tag aus ihr meinen Cappuccino trinke. Da siehst du also, dass ich auch sehr verantwortungsvoll sein kann.

41. KAPITEL

DURCHGEFALLEN!

»Dass mein Kind dieses Schuljahr nicht schafft, war mir längst klar.«

st schon praktisch, so ein Drogeriemarkt um die Ecke. Ich will eigentlich nur schnell Geschirrspülmittel kaufen, stehe jetzt aber schon einige Minuten lang völlig überfordert vor dem Regal: Soll ich die billigen einfarbigen Tabs nehmen oder die superteuren mit dem coolen Powerball in der Mitte? Oder doch besser gleich das Gel? Ich beschließe, Alexa anzurufen, damit sie mir bei dieser hoch komplizierten Entscheidung hilft. Gerade als ich auf dem Handy ihre Nummer wählen will, tippt mir jemand von hinten mit dem Finger auf die Schulter. Ich drehe mich um – und sehe meine Tochter. »Papa, ich habe dich durch die Scheibe gesehen«, sagt Valerie und gibt mir zur Begrüßung ein Bussi. Ich sage erstaunt: »Dachte, dass du noch in der Schule bist.« Valerie: »Heute ist Zeugnistag, Zeug-nis-tag. Noch nie davon gehört, Papa? Da ist die Schule früher aus.« Ich: »Ach ja, hatte ich ganz verdrängt. Wie schlimm ist's denn geworden?« Valerie: »Fünf Fünfer und eine Sechs.« Mir wird kurz schwarz vor Augen und ich greife an mein Herz.

Dass mein Kind dieses Schuljahr nicht schafft, war mir längst klar. Aber eine Katastrophe solchen Ausmaßes hatte ich dann doch nicht erwartet. »Wir haben doch so viel zusammen gelernt! Ich hatte gehofft, dass ein bisschen was zu retten wäre. In welchen Fächern hast du die Fünfer und die Sechs?«, will ich wissen. Valerie, kleinlaut: »Die Sechs habe ich in Chemie und die Fünfer in Mathe, Physik, Bio, Englisch und Sozialkunde.« Ich: »Bitte? Englisch und Sozialkunde? Das darf doch nicht wahr sein.« Für schlechte Noten in naturwissenschaftlichen Fächern habe ich noch ein gewisses Verständnis, aber Englisch und Sozialkunde kann man schaffen, finde ich. Anscheinend merkt Valerie, wie mein Ärger sekündlich größer wird. Sie sagt: »Papa, ich stand überall so auf 4,55 oder 4,6. Außerdem hassen mich die Lehrer.« – »Warum denn das? Du bist doch so süß«, erwidere ich. Und wütend sage ich weiter: »Weißt du, Kleine, das interessiert später keinen Heizer. Es geht nur darum, dass du die Schule packst. So einfach ist das.« Valerie: »Ich weiß auch nicht, warum die Lehrer mich nicht mögen. Ehrlich, Papa.« Ich: »Bist du denn so unfreundlich zu ihnen?« Valerie: »Nein, überhaupt nicht. Ich bin manchmal nur müde.« Ich: »Von den vielen Partys?« Valerie: »Nein, von der Schule …«

Ich beschließe, meine Lieblingsverkäuferin im Drogeriemarkt um Rat in Sachen Geschirrspülmittel zu fragen. Frau Huber, eine nette ältere Dame mit akkurat frisierter Dauerwelle und Lesebrille auf der Nase, empfiehlt mir die teuren Tabs mit Powerball, die ich auch nehme. Dann frage ich sie: »Frau Huber, haben Sie vielleicht einen Moment Zeit für uns?« – »Natürlich, wie kann ich helfen?«, antwortet sie. Ich: »Also, das ist meine Tochter Valerie. Die ist gerade mit Pauken und Trompeten durch die zehnte Klasse Gymnasium gefallen. Sie kapiert anscheinend nicht, wie wichtig das Abi ist. Können Sie ihr kurz mal erklären, wie anstrengend die Arbeit beispielsweise in einem Drogeriemarkt ist?« Frau Huber: »Oha! Meine Kleine, ich würde an deiner Stelle die Schule verdammt ernst nehmen. Die Arbeit hier ist kein Zuckerschlecken. Wir kriegen nur acht Euro die Stunde, müssen jeden Tag mindestens acht Stunden arbeiten, mal Früh-, mal Spätschicht. Pausen gibt's praktisch keine. Außerdem werden wir scharf überwacht und Faulpelze sofort gefeuert.«

Valerie sieht mich traurig an. Wir zahlen die Tabs und gehen in unsere Wohnung. »Hast du gehört, was Frau Huber gesagt hat?«, will ich von meinem Kind wissen. Valerie noch kleinlauter: »Ja, Papa.« Ich: »Dann weißt du, wie es jetzt weitergeht: kein Urlaub in diesem Sommer, dafür wird regelmäßig gelernt. Und nächstes Jahr gibst du von Anfang an Vollgas in der Schule, sonst werde ich sehr, sehr ungemütlich.« Valerie wagt nicht zu widersprechen, zumindest in diesem Moment. Stattdessen sagt sie: »Weißt du, Papa, was ich am schlimmsten finde? Meine ganzen Freundinnen sind weg, die sind jetzt alle in der elften Klasse. Wahrscheinlich werde ich sie nie mehr wiedersehen, weil sie im nächsten Schuljahr einen ganz anderen Stundenplan bekommen.« Ich: »Erstens ist das ausgemachter Quatsch. Natürlich wirst du sie auch in Zukunft sehen, nur halt nicht dauernd in der Schule, was vielleicht auch ganz gut ist. Zweitens solltest du dir lieber Gedanken über die Zukunft machen. Wenn du noch mal durchrasselst, dann ist Schluss mit Gymnasium.«

Aber anstatt mir an diesem schweren Tag ein Zeichen von Einsicht zu geben, legt Valerie gleich nach: »Fast genauso schlimm wie die Sache mit meinen Freundinnen sind meine künftigen Mitschülerinnen. Die sind alle voll Baby. Die haben echt keinen Plan von nichts. Die kamen schon im letzten Schuljahr dauernd zu uns und wir mussten ihnen erklären, wie das läuft, also mit Jungs und so«, berichtet meine Tochter genervt. Ich denke für eine Sekunde, dass mein Kind wohl nie Medizin studieren wird, aber dafür demnächst als Frau Doktor Sommer Karriere macht.

VALERIES WAHRHEIT

Papa, glaubst du ernsthaft, dass ich es toll finde durchzufallen? Natürlich nicht! Ein ganzes Jahr länger in der Schule ist der absolute Horror. Das macht niemand freiwillig. Ich ärgere mich darüber selbst am meisten. Echt! Da zieht mich deine Standpauke nur noch mehr runter. Außerdem tu doch nicht so – du warst selber auch nicht der Held vom Feld in der Schule. Glaub mir, ich häng mich jetzt voll rein. Trotzdem kann ich nicht 24 Stunden am Tag lernen. Ab und zu eine kleine Party als Abwechslung musst du mir aber bitte schön erlauben. Dann bin ich auch viel motivierter zu lernen.

42. KAPITEL

AB AUF DIE COUCH

»Die Pubertät ist eine schwierige Zeit, vor allem was das Verhältnis Vater/Tochter betrifft.«

Ich mache mir seit Tagen Vorwürfe: Wäre meine Tochter nicht durchgefallen, wenn ich strenger gewesen wäre? War ich zu tolerant? Zu liberal? Etwa zu cool, was Partys und Weggeh-Zeiten betrifft? Habe ich zu sehr auf ihre Eigenverantwortung gebaut? All diese Fragen lassen mich nicht mehr schlafen. In meinen Ohren piepst es schon. Bevor aus dem Teenitus ein echter Tinnitus wird, schlägt mir eine ebenfalls ratlose Alexa vor: »Geh doch mal zu einem Teenie-Therapeuten. Vielleicht kann der helfen.« Entrüstet antworte ich: »Das kann doch nicht dein Ernst sein. Ich soll mich bei so einem Seelenklempner auf die Couch legen, nur weil mein Kind die Klasse nicht geschafft hat? Was für eine abseitige Idee!« Alexa: »Wirf mal einen Blick in den Spiegel. Deine Augenringe sind noch dunkler als normalerweise schon. Du machst dir die ganze Zeit über Vorwürfe. Vielleicht ist professionelle Hilfe genau das, was du jetzt brauchst.« Ich mache eine verächtliche Handbewegung und verziehe mich vor den Fernseher. Aber eine weitere Nacht voller Selbstzweifel und Schlaflosigkeit bewegt mich schließlich doch dazu, am nächsten Morgen nach einem Therapeuten in unserer Nähe zu fahnden. Im Internet werde ich schnell fündig: Professor Doktor Sieglinde Winterstein, analytische Kinder- und Jugendlichenpsychotherapeutin.

Ich wähle die Nummer der Praxis – und bekomme überraschenderweise noch am selben Tag einen Termin. Als ich fünf Stunden später vor der Anmeldung stehe, fragt mich die Sprechstundenhilfe, wo das Kind sei. »Das Kind bin ich. Ich brauche wirklich dringend Rat von Frau Professor. Es geht um meine 16-jährige Tochter Valerie«, erkläre ich. »Na gut, dann gehen Sie gleich mal den Gang runter in den Behandlungsraum. Frau Professor wartet schon.« Ich klopfe artig an, bevor ich den Raum betrete. Gedeckte Farben, viel Holz, ein riesiges Regal mit Fachliteratur und ein gläserner Schreibtisch, hinter dem mich Frau Professor Winterstein mit einem Lächeln begrüßt. Sie sieht ganz anders aus, als ich mir eine solche Koryphäe in Sachen Psychotherapie vorgestellt habe:

Jeans, bunter Ringelpullover, Ohrringe aus Holz. Ich gebe Frau Professor die Hand und stelle mich vor. »Machen Sie es sich doch auf der Couch bequem«, sagt sie freundlich.

Nachdem ich es mir auf der Chaiselongue bequem gemacht habe, möchte ich als Erstes von Frau Winterstein wissen, ob sie selber Kinder hat. »Ja«, antwortet sie, »vier Kinder, alles Mediziner.« Ich bin baff. Ich bin ja schon mit einem Kind überfordert. Anscheinend hat die Dame bei der Kindererziehung vieles richtig gemacht. Dann schildere ich mein Problem: »Also, meine Tochter Valerie ist richtig übel durch die zehnte Klasse gesaust. Nicht, dass davon die Welt unterginge. Valerie war sowieso die Jüngste in der Klasse. Und durchgefallen bin ich selber auch. Aber ich mache mir schon Vorwürfe, weil ich ein liberaler Vater bin und ihr vieles erlaube. Muss ich jetzt strenger werden?« – »Wie wurden Sie denn erzogen?«, will Frau Professor wissen. »Ist das wichtig? Nun, meine Eltern haben mich auch liberal erzogen, obwohl sie von mir für ihre Großzügigkeit nicht gerade mit einer ruhmreichen Schulkarriere belohnt wurden«, sage ich. Frau Winterstein: »Sehen Sie! Bei der Kindererziehung gibt es immer zwei Möglichkeiten: Entweder erziehen Eltern ihre Kinder total anders, als sie früher selbst erzogen wurden. Oder, so wie in Ihrem Fall, sie machen es genauso wie ihre eigenen Eltern.«

Ich bin verwirrt. »Was soll das heißen?«, frage ich. Ruhig sagt Frau Winterstein: »Das soll heißen, dass Sie sich nicht verbiegen dürfen. Kehren Sie jetzt nicht plötzlich den harten Hund raus. Das würde Ihre Tochter nur verwirren. Sie wird ja auch älter und reifer. Irgendwann wird sie erkennen, dass sie selbst Verantwortung für ihr Tun und Handeln übernehmen muss.« Ich: »Gut, das beruhigt mich. Haben Sie sonst noch irgendwelche Ratschläge für mich?« Frau Winterstein: »Nein, aber Sie werden das Kind schon schaukeln. Machen Sie sich nicht so viele Sorgen. Die Pubertät ist eine schwierige Zeit, vor allem was das Verhältnis Vater/Tochter betrifft. Aber das Gute ist: Irgendwann ist die Pubertät bei jedem

Menschen auch wieder vorbei.« Ich verlasse die Couch und Frau Winterstein. Auf dem Heimweg denke ich darüber nach, was mir die Therapeutin erzählt hat. Vielleicht wird mein Kind jetzt wirklich blitzschnell erwachsen, wer weiß? Als ich die Wohnungstür öffne, höre ich leises Wimmern aus dem Wohnzimmer. Valerie sitzt mit aschfahlem Gesicht, eingemummelt in eine Decke, in unserem bequemen Ohrensessel. »Papa«, sagt sie zur Begrüßung, »hast du vielleicht ein Aspirin für mich? Wir haben gestern im Barschwein den Ferienstart so hart gefeiert, mir ist immer noch hundeelend.« Ich: »Also so sehen deine guten Vorsätze für die Schule aus? Das kann ja heiter werden. Anyway: Das Aspirin kommt sofort. Darf's vielleicht auch noch ein Waschlappen sein? Und übrigens: Vom Lernen kriegt man keinen Kater.«

VALERIES WAHRHEIT

Manchmal wirst du echt komisch, Papa. Ich hab noch von keinem Vater gehört, der erst zu einer Frauenärztin rennt – oder zu einem Jugend-Therapeuten –, um sich Ratschläge zu holen. Ich bin doch kein Freak, sondern ein ganz normales Mädchen, das halt momentan ein paar Schulprobleme hat. Muss ich jetzt Angst haben, dass du zum deutschen Sozialminister gehst, weil ich so schlecht in Sozialkunde bin? Oder zum britischen Konsul, weil ich eine Fünf in Englisch habe?

43. KAPITEL

PARTY-ZETTEL

»Ich gebe klein bei, vor allem, weil ich keine endlose Party-Zettel-Diskussion mit meiner Tochter führen will.«

Valerie ist zum Deutschlernen bei Alexa und mir. Thema heute: Kennzeichen der Aufklärung am Beispiel des Romans *Das Parfum*. Aber anstatt über den Weltbestseller von Patrick Süskind zu diskutieren, hat meine Tochter ein anderes Anliegen, ein ganz anderes. »Papa, am Samstag feiern meine Mädels Steffi, Sophie, Melli und die anderen Q11-Party in der Sonderbar in Schwabing. Die Party fängt erst um 22 Uhr an und ich würde sooo gerne länger als bis Mitternacht bleiben. Vielleicht kannst du einen Party-Zettel unterschreiben? Louisa würde auf mich aufpassen, die ist ja schon 18, wie du weißt. Bitte, bitte, Papa!«, sagt meine Tochter mit bekannt bettelndem Unterton. Dass eine Q11- oder Q12-Party das ist, was wir früher Kollegstufen-Party nannten, das weiß ich inzwischen ja, aber was für ein neumodischer Schnickschnack, bitte schön, ist ein Party-Zettel? Valerie klärt mich auf: »Wenn du den unterschreibst, erlaubst du, dass Louisa für einen Abend Elternersatz spielt. Das ist total einfach. Party-Zettel gibt's sogar als Vordruck im Internet.«

Neugierig geworden, gehe ich ins Arbeitszimmer und schalte den PC ein. Auf der Internetseite www.partyzettel.de grinst mich ein muskelbepackter Türsteher-Typ mit ärmellosem T-Shirt und platter Boxernase an. Daneben steht der Slogan »Mit uns kommst du sogar an ihm vorbei«. Als ich weiterklicke, lande ich bei dem von Valerie beschriebenen Vordruck. Konkret handelt es sich bei einem Party-Zettel um eine »Erziehungsbeauftragung (§ 1 Abs. 1 Nr. 4 Jugendschutzgesetz)«, wie dort in allerfeinstem Juristen-Deutsch erklärt wird. Weiter heißt es: »Ich kenne die beauftragte Person und vertraue ihr die erzieherische Führung über meinen Sohn/meine Tochter an. Die beauftragte Person ist 18 Jahre oder älter und hat genug erzieherische Kompetenzen, um meinem Kind Grenzen setzen zu können, im Besonderen hinsichtlich des Alkoholkonsums.« Ich rufe Valerie ins Arbeitszimmer. Als sie neben dem Computer steht, sage ich: »Du, die Louisa fährt zwar ganz anständig Auto, aber sie ist doch selbst eine Party-Nudel, die gerne mal einen über den Durst trinkt, wenn sie nicht fahren muss. Meinst du, Louisa ist die ideale Aufsichtsperson für dich?« – »Papa, du bist so spießig. Jetzt komm: Druck den Zettel aus und unterschreibe ihn«, fordert Valerie genervt. Ich gebe klein bei, vor allem, weil ich keine endlose Party-Zettel-Diskussion mit meiner Tochter führen will. Morgen steht die Deutsch-Kurzarbeit an. Und die ist erst einmal wichtiger.

Am Sonntag nach der Zettel-Nacht treffen wir uns zum Brunch in dem schicken Restaurant Brenner an der Maximilianstraße. Wir bestellen alle drei die Bio-Hähnchenbrust vom Grill mit Rührei, dazu Cappuccino und frischen O-Saft. »Na«, frage ich Valerie grinsend, »wie war denn jetzt deine Party-Zettel-Party? Hat Louisa gut auf dich aufgepasst?« Valerie, immer noch etwas blass um die Nase, sagt zu Alexa und mir: »Das war so krass gestern, ihr macht euch keine Vorstellung. Louisa war Aufsichtsperson für dreißig minderjährige Jungs und Mädels. Die meisten Jungs hatten so massiv vorgeglüht, dass ihnen nach dem zweiten Bier in der Sonderbar schlecht wurde. Der Geschäftsführer hat uns dann irgendwann alle rausgeschmissen. Der war echt voll humorlos.« Ich: »Na ja, ich verstehe den Mann. Wenn mir eine Bar gehören würde, würde ich auch nicht wollen, dass alle zum Gruppen-Kotzen auf die Toilette rennen.« Valerie: »Jedenfalls wird Louisa nie wieder auf so viele Menschen aufpassen. Die war gestern so was von schwer genervt.«

Zum Nachtisch ordern wir drei Muffins, Valerie mit Schokogeschmack, Alexa und ich wählen Apfel-Zimt. »Du, Papa«, sagt meine Tochter mit halb vollem Mund, »könntest du mir noch einen großen Gefallen tun? Ich bräuchte noch fünf Blanko-Party-Zettel. Es sind so viele coole Partys in den nächsten Wochen.« Ich: »Louisa will doch nicht mehr Mama spielen, dachte ich.« Valerie: »Doch, doch, für mich alleine schon, so ganz exklusiv.« – »Weißt du, einen Freibrief fürs Dauerfeiern, den kriegst du nicht von mir. Wir entscheiden das von Fall zu Fall. Wenn du in der Schule gut bist, gibt es einen Party-Zettel, ansonsten nicht«, sage ich, wohl wissend, dass mein Kind lieber eine andere Antwort gehört hätte. Wir bezahlen unseren Brunch und verabschieden uns vor dem Restaurant von Valerie, die später bei sich zu Hause Mathe-Nachhilfe hat. Auf dem Heimweg sage ich zu Alexa: »Du, falls du dich wie geplant heute Abend im P1 mit deiner Freundin Sonja treffen willst, komme ich nur mit, wenn du einen Party-Zettel für mich ausfüllst. Sonst musst du leider alleine gehen ...«

VALERIES WAHRHEIT

Ich bin immer wieder erstaunt, wie opamäßig du schon tickst. Dass du nicht wusstest, was ein Party-Zettel ist, hat mich schon umgehauen. Du erzählst mir immer stolz, dass du selbst mit 16 in alle Münchner Discos gekommen bist (gut, damals gab's wahrscheinlich nur eine). Aber die Zeiten haben sich halt geändert. Die Türsteher sind strenger, es gibt viel mehr Polizeikontrollen und die meisten Club-Chefs haben keinen Bock, dass unter 18-Jährige bei ihnen feiern. Mit dem Party-Zettel ist das dann kein Problem. Also fülle mir am besten gleich hundert Party-Zettel aus – dann ist alles chic.

44. KAPITEL

SHERLOCK PAPA

Wenn ich eines nicht ertragen kann, dann ist es, wenn mein Kind weint. Es ist Freitagabend, wir sitzen in unserer gemütlichen Küche, knabbern Salzstangen, trinken Cola und quatschen ganz harmlos über Valeries Wochenendprogramm. »Was liegt denn heute noch an bei dir?«, will ich von meiner Tochter wissen. »Och, nichts Besonderes«, sagt Valerie, »ich gehe mit den Mädels zu Leni, die hat sturmfrei und macht eine kleine Haus-Party.« Ich frage weiter: »Und kommt Robin mit?« Plötzlich muss Valerie schlucken und ihr läuft eine kleine Träne über die Wange. »Nein, Papa, leider nicht«, sagt sie, »der Robin geht heute ins Bubi mit einer alten Freundin von ihm, der Marlene.« Alexa schaltet sich ins Gespräch ein und sagt: »Na, das klingt schon ein bisschen strange, von wegen alte Freundin und so.« – »Ist vielleicht ganz harmlos, das kann man doch nicht wissen«, antworte ich, um meine Tochter zu beruhigen. Aber Valerie schluchzt jetzt erst recht. »Ich habe da echt ein komisches Gefühl«, sagt sie, »hoffentlich betrügt er mich nicht mit Marlene.« Ich nehme Valerie in den Arm, drücke sie und sage: »Weißt du, es ist ganz normal, wenn man eifersüchtig ist in einer solchen Situation. Das zeigt doch nur, dass du Robin wirklich sehr lieb hast.« – »Stimmt, Papa«, sagt Valerie, »wenn Robin mit der Marlene rummachen würde, würde es mir echt das Herz brechen.«

Als meine Tochter ihre Siebensachen zusammenpackt, um sich mit ihren Mädels zu treffen, drücke ich ihr noch eine Tüte Gummibärchen in die Hand. »Nimm die mit, so ein bisschen Nervennahrung schadet nie.« Zum Abschied gebe ich Valerie ein Bussi und den Ratschlag, sich nicht zu viele Sorgen wegen Robin zu machen. Sorgen mache ich mir aber plötzlich selbst, und zwar nicht zu knapp. »Alexa«, sage ich zu meiner Verlobten, »wenn der Robin wirklich fremdginge, das würde Valerie völlig aus der Bahn werfen. Ich glaube, ich muss mir Gewissheit verschaffen.« Irritiert blickt mich Alexa an und fragt: »Wie meinst du das denn?« – »Wirst du gleich sehen«, sage ich und entschwinde Richtung Schlafzimmer.

Ich durchwühle unseren Kleiderschrank und finde ganz oben in der hintersten Ecke tatsächlich meinen alten taubenblauen Borsalino-Hut. Dann schnappe ich mir von der Garderobe den zerknitterten Burberry-Trenchcoat. Als ich in Hut und Mantel wieder in der Küche erscheine, bekommt Alexa einen Lachanfall. »Du siehst aus wie Humphrey Bogart für Arme«, sagt sie prustend. Ich erwidere: »So gehe ich nachher ins Bubi und mache mit Robin den Treue-Check. Und das meine ich todernst.«

Um kurz vor Mitternacht stehe ich mitten in einer Schlange aufgeregter Teenies, die auf Einlass ins Bubi warten. Als ich endlich an der Reihe bin, mustert mich der Türsteher mitleidig von oben bis unten. »Meinst du, dass du hier richtig bist, Opa?«, will er wissen. Ich versuche, einen besonders selbstbewussten Eindruck zu machen, und antworte: »Ich bin hier goldrichtig, Meister.« Der Türsteher zuckt mit den Schultern und sagt: »Na, dann viel Spaß.« Ich betrete das Bubi. Es ist knallvoll, Bässe wummern und Stroboskop-Blitze durchzucken den kleinen Club. Am Ende der Bar finde ich ein freies Plätzchen – ideal für einen Hobby-Detektiv wie mich. Ich ziehe mir den Hut noch tiefer ins Gesicht und bestelle bei der drallen Blondine hinter der Bar einen mit 18 Euro völlig überteuerten Gin Tonic. Als ich zum ersten Mal am Strohhalm ziehe, sehe ich aus dem Augenwinkel, wie Robin und ein unbekanntes Mädchen das Bubi betreten. Zum Glück ist der Club so klein, dass ich trotz Kurzsichtigkeit das ganze Geschehen überwachen kann.

Robin und das Mädchen, Marlene, wie ich vermute, kämpfen sich durch das Gewühl und lassen sich dann gut 20 Meter entfernt von mir auf eine weiße Ledercouch plumpsen. Sie lachen und plaudern, dann besorgt Robin an der Bar zwei Bier. Die beiden trinken und unterhalten sich trotz der ohrenbetäubenden Lautstärke angeregt weiter. Aber ansonsten tun sie nichts. Sie knutschen nicht, ja sie tanzen nicht einmal. Ich bin verwirrt und bestelle mir zur Beruhigung einen weiteren Gin Tonic. Als mir ein Blick auf die Uhr verrät, dass es schon 2:30 Uhr ist, beschließe ich, das Bubi zu verlassen. Robin und Marlene reden immer noch, aber ich werde langsam müde. Observieren ist anstrengender, als ich dachte. Beim Verlassen des Clubs renne ich noch gegen eine Säule, die ich wegen der nach unten gewölbten Hutkrempe nicht gesehen habe.

Ich fluche leise vor mich hin und frage mich, was ich hier eigentlich mache. Dann nehme ich die U-Bahn nach Hause. In letzter Sekunde schiebt sich ein Pärchen durch die Tür in mein Abteil – Robin und Marlene. Ich bekomme einen Heidenschreck, als Valeries Freund direkt auf mich zusteuert und fragt: »Hallo Herr Hagen, kommen Sie von einer Motto-Party?« Ich: »Äh, hallo Robin, ja, gewissermaßen war ich auf einer Motto-Party. Und du?« – »Ich war mit meiner alten Freundin Marlene im Bubi. Wir hatten uns fast ein Jahr lang nicht gesehen und wirklich viel zu bequatschen«, sagt Robin. »Na, dann wünsche ich euch eine gute Heimfahrt und eine noch bessere Nacht«, erwidere ich und bin schrecklich froh, dass die nächste Station meine Endstation ist. Dann ruft mir Robin noch hinterher: »Ganz schöne Grüße an Valerie – und dickes Bussi!«

Zu Hause angekommen, schiebe ich mich ganz vorsichtig unter die Bettdecke, aber Alexa wacht trotzdem auf. »Na, war er brav, der Robin?«, will meine Verlobte wissen und gähnt verschlafen. »Kreuzbrav«, antworte ich, »um den muss sich Valerie keine Sorgen machen. Der ist treu.« Samstagmittag überrascht uns Valerie mit frischen Brötchen. Wir liegen zu dritt im Bett und genießen das verspätete Frühstück. Als ich Valerie von meinem nächtlichen Ausflug ins Bubi berichte, sagt sie: »Papa, jetzt sag mir bitte ganz schnell, dass das nicht wahr ist. Du darfst doch meinen Freund nicht überwachen. Du bist nicht bei der Stasi. Wenn Robin dich im Bubi erkannt hätte, das wäre so megapeinlich für mich gewesen.« – »Hat er aber nicht«, entgegne ich, »ich bin ein guter Detektiv.« Valerie: »Versprich mir auf der Stelle, dass du nie, nie wieder hinter meinen Freunden herspionierst.« Ich: »Versprochen. Zumindest werde ich dich das nächste Mal vorher fragen.« Valerie: »Und jetzt erzähl mir alles! Was hat der Robin mit Marlene so getrieben?«

VALERIES WAHRHEIT

Du bist wirklich der verrückteste Papa der Welt! Machst hier einen auf 007, Wahnsinn! Aber wenn ich länger darüber nachdenke, war das schon eine hart coole Aktion von dir. Dass du an deinem geliebten Freitag-Feierabend meinen Freund checkst (und obendrein auch noch ins Bubi reinkommst – Respekt!), das finde ich auch irgendwie voll süß von dir. Jetzt weiß ich, dass ich mir keine Sorgen um Robins Treue machen muss. Dankeee!

45. KAPITEL
SCHNEEFREI

Früher war es ein Ritual: Jedes Jahr in den Herbstferien fuhr Valerie mit ihrer Uralt-Freundin Tamara aus Grundschultagen zum Skifahren in die Berge. Genauer gesagt auf den Söldener Gletscher im Ötztal in Tirol, auf dem es selbst in Zeiten des fortschreitenden Klimawandels ziemlich schneesicher ist. Chauffeur, Skilehrer und Aufpasser in Personalunion war Tamaras Opa Otto, der in Hochsölden ein kleines Apartment besitzt. Opa Otto arbeitete früher als Steuerberater, sah aber immer so kernig-sportlich aus, als wäre er einem Luis-Trenker-Film entsprungen. Als mir Valerie jetzt eröffnet, dass sie in den bevorstehenden Herbstferien mal wieder mit Tamara und Opa Otto für drei bis vier Tage die Bergwelt unsicher machen will, bin ich völlig baff. Schließlich ist meine Tochter seit sechs Jahren nicht mehr auf der Piste gewesen, zumindest der Skipiste. Und Opa Otto müsste nach meinen Berechnungen inzwischen um die achtzig sein. Ein Alter, in dem selbst der fitteste Alm-Öhi das eine oder andere Zipperlein entwickelt. Kurzum: Ich mache mir – mal wieder – Sorgen.

Am Tag nach Valeries Ankunft in Hochsölden klingelt mein Telefon, eine österreichische Festnetz-Nummer erscheint auf dem Display. Mit euphorischer Stimme sagt meine Tochter: »Papa, ich wollte ja nur kurz Bescheid geben, dass wir gut angekommen sind. Aber es hat die ganze Nacht geschneit. Hier ist jetzt alles weiß und keiner kommt mehr weg. Wir sind so was von eingeschneit.« Ich: »Na toll! Du hast aber nicht vergessen, dass du direkt nach den Herbstferien Arbeiten in Mathe, Physik und Französisch schreibst, oder? Du wolltest dir doch ganz viel Nachhilfe von Claudi, der Klugen, geben lassen. Die Schule ist leider noch nicht Schnee von gestern.« Valerie: »Papa, du bist wirklich gemein. Ich kann doch nichts dafür, dass es so viel geschneit hat.« Ich: »Nein, natürlich nicht. Aber du hättest auch in München bleiben und zum Rodeln auf den Olympiaberg gehen können.« Bevor ich meinem Kind sagen kann, dass es besonders gut auf sich aufpassen soll, bricht plötzlich die Verbindung zusammen. Ich versuche zurückzurufen, aber die Leitung ist tot.

Nach dem Telefonat mit Valerie sehe ich in meinem Kopf Bilder von dem verheerenden Lawinenunglück 1999 im österreichischen Galtür, bei dem 31 Menschen ums Leben kamen. Und ich denke darüber nach, wie ich meine Tochter aus der »weißen Hölle« befreien kann. Ich sehe mich schon als heldenhaften Retter, wie ich auf einem Schneemobil in Hochsölden einreite und Valerie auf dem Rücksitz sicher ins Tal bringe. Oder am Steuer eines Hubschraubers, wie ich auf der Piste in Hochsölden lande, die Rotorblätter ein wildes Schneegestöber verursachen und ich mit Valerie als Kopilotin zurück nach München fliege. Da ich aber in Wahrheit kein Schneemobil besitze, geschweige denn einen Hubschrauber, beschließe ich, ins Bett zu gehen. Vielleicht trifft mich ja über Nacht der Geistesblitz, was die Rettung meiner Tochter angeht. Ich schlafe unruhig und träume viel. Ich sehe, wie ich anstelle von Bergsteiger-Legende Edmund Hillary an der Seite von Sherpa Tenzing Norgay als erster Mensch den Mount Everest bezwinge. Wie auf dem höchsten Gipfel der Erde nicht die neuseeländische, sondern die bayerische Flagge weht. Wie ich später von der Queen für meine alpinistische Glanzleistung geadelt werde. Wie cool es sich anhört, wenn einen plötzlich alle voller Respekt »Sir Clemens« nennen.

Dann wache ich schweißgebadet auf. Mir fällt ein, dass ich schon nervöse Flecken bekomme, wenn unser Aufzug mal kaputt ist und ich den zweiten Stock zu Fuß erklimmen muss. Also Schluss mit der verrückten Mount-Everest-Träumerei! Plötzlich klingelt das Telefon. Valerie ist dran und verkündet: »Du, Papa, wir kommen wohl erst vier Tage später als geplant zurück. Die in der Schule haben sicher Verständnis. Vielleicht kannst du ja im Sekretariat anrufen. Das Telefonieren von Österreich aus ist doch so teuer. Außerdem geht das Netz kaum.« Schwupp, dann ist ihre Stimme weg und die Leitung wieder tot. Ich finde, dass vier Tage schneefrei angesichts Valeries schulischer Leistungen einfach zu viel sind. Dann fällt mir die Lösung ein: Toni, mein garantiert kinderloser Altkumpel, hat sich gerade einen sündhaft teuren BMW-Geländewagen geleast. Ich habe noch seine Worte im Ohr: »Du, Clemens, mit dem kommst du überall hoch.« Da mir Toni sowieso noch einen Gefallen schuldet, rufe ich ihn gleich an: »Toni, wir müssen Valerie retten. Und dafür brauchen wir deinen neuen Wunder-Wagen.« Als ich ihm die schwierige Lage erkläre, sagt Toni: »Kein Problem, wir befreien die Kleine. Ich hole dich gleich ab.«

Auf der Fahrt ins Ötztal reden wir viel über die Vorteile einer Vollkasko-Versicherung und über die Vorteile von Schneeketten. Als wir die heftig verschneite, enge Straße von Sölden nach Hochsölden erreichen, schaltet Toni den Geländeantrieb ein. Und das Wunder geschieht: Wie auf Schienen kurvt der Super-BMW den Berg hinauf, durchpflügt selbst kleinere Schneewehen. Toni grinst zufrieden. Als wir bei Opa Ottos Apartment klingeln, öffnet Valerie die Tür und sagt: »Papa, wie habt ihr denn das geschafft?« Ich zeige mit dem Daumen über meine Schulter auf Tonis Auto und antworte: »So, du packst jetzt deine Sachen und dann geht's zurück in die Heimat.« Valerie ist aber stinksauer und erwidert: »Papa, ich will bleiben. Opa Otto und Tamara bleiben auch.« Ich: »Kommt gar nicht infrage. Wenn Tamara bleiben will, ist das ihre Sache. Die hat in der Schule lauter Einser, die kann sich's vielleicht leisten, ein paar Tage zu fehlen. Du nicht!« Auf der Rückfahrt versuche ich, Valerie auf andere Gedanken zu bringen: »Du, ich habe in unserer Videothek alle drei Teile von *Ice Age* fürs nächste Wochenende reserviert. Da machen wir uns einen lustigen Trickfilm-Abend, so mit selbst gemachtem Popcorn und allem.« Valerie: »Träum weiter! Den Kinderkram kannst du dir mal schön alleine anschauen.«

VALERIES WAHRHEIT

Ich hab's ja schon vermisst – jetzt konntest du endlich wieder der Spielverderber sein. Toll! Dabei fand ich es so abenteuerlich, zum ersten Mal in meinem Leben eingeschneit zu sein. Das sah auch total schön aus mit dem vielen Schnee – ein echtes Winter-Wunderland. Stattdessen hast du mich ins graue, schneematschige München geholt. Und jetzt darf ich auch noch jeden Tag Mathe-Nachhilfe bekommen. Das sind wirklich Super-Ferien!

46. KAPITEL

VATERSCHAFTSTEST

Um es mal mit Schlager-Ikone Katja Ebstein zu sagen: Wunder gibt es immer wieder. Meine Tochter hat mir eine Kopie ihres letzten Mathe-Tests geschickt, ganz altmodisch mit der Post. Als ich den Briefumschlag öffne, traue ich meinen Augen nicht. Da steht tatsächlich: Stegreifaufgabe aus der Mathematik, Valerie Hagen, Klasse 10c, Note 1. Kurz denke ich daran, einen verspäteten Vaterschaftstest machen zu lassen, dann übermannen mich die Gefühle. Nachdem ich mir die Freudentränen aus den Augen gewischt habe, mache ich mich auf den Weg zu einem nahe gelegenen Kaufhaus. Ich brauche unbedingt einen Bilderrahmen, um Valeries Mathe-Eins gebührend präsentieren zu können. Erst will ich einen schwarzen Rahmen nehmen, entscheide mich dann aber doch für Weiß. Der Geniestreich meiner Tochter soll ja nicht wie eine Traueranzeige rüberkommen. Auf dem kleinen Sekretär in unserem Wohnzimmer, auf dem bereits Baby-, Kinder-, Faschings-, Urlaubs- und Schulfotos von Valerie stehen, bekommt die Ex einen Ehrenplatz in der Mitte.

Als Alexa von der Arbeit kommt, zeige ich ihr gleich die unglaublichste naturwissenschaftliche Leistung seit Entdeckung der Relativitätstheorie. Mit stolzgeschwellter Brust sage ich: »Siehe und staune! Das hat *meine* Tochter vollbracht.« Alexa meint grinsend: »Lass uns doch vor deinem Valerie-Schrein hinknien und dem Mathe-Gott ein Dankesgebet schicken.« Während wir also murmelnd um weitere Mathe-Einser bitten, klingelt mein Handy. Valerie ist dran. »Na, Miss Einstein«, begrüße ich meine Tochter, »das ist ja wohl der absolute Oberhammer, dein Mathe-Test.« Valerie: »Stimmt, ich bin auch megastolz. Papa, lässt du mich zur Belohnung am Freitag zu einer Nerd-Party gehen? Alle verkleiden sich als Streber, das wird voll lustig.« – »Da kannst du doch als du selbst hingehen. Bist ja jetzt eine Streberin«, sage ich und versuche, mein Kind auf den Arm zu nehmen. Valerie: »Papa, merk's dir: Ich bin weder Nerd noch Emo. Ich bin jetzt einfach gut in der Schule und trotzdem cool. Dafür bräuchte es eigentlich ein neues Wort.« Ich: »Na, dann überlege dir mal, wie wir dich in Zukunft nennen sollen. Und: Natürlich darfst du am Freitag auf die Party, wenn du solche Noten schreibst.«

Als der Nerd-Party-Freitag naht, erzählt mir Alexa, dass sie mit Valerie auf Facebook gechattet hat. »Du weißt schon, dass die Party in einer alten Chemiefabrik stattfindet und alle Drinks in Reagenzgläsern serviert werden, oder?«, fragt Alexa. Ich: »Nein, davon hat mir Valerie natürlich nichts erzählt. Klingt ja richtig gefährlich.« Später in der Nacht, Alexa und ich sehen uns gerade die fünfte *Sopranos*-Episode in Folge auf DVD an, klingelt mein Handy. Valerie kreischt hysterisch: »Alkoholvergiftung, Krankenhaus ...« Mehr verstehe ich wegen der ohrenbetäubenden Musik im Hintergrund nicht. Kurz habe ich das Gefühl, ich verliere die Besinnung, aber dann reiße ich mich zusammen und schreibe Valerie eine SMS. Text: »Geht's DIR gut? Wer hat zu viel getrunken?« Sekunden später die Antwort: »Die Sophie, Captain-Morgan-Rum.« Ich schreibe zurück: »Nehmt Taxi zum Schwabinger Krankenhaus. Wir kommen gleich.« Valerie: »Okay!«

Auf dem Weg in die Klinik ärgere ich mich darüber, dass ich so schlecht in der Schule war. Sonst hätte ich Medizin studieren und volltrunkene Teenie-Mädels gleich zu Hause versorgen können. Trotz der dramatischen Situation muss ich kurz schmunzeln, als Alexa und ich die Notaufnahme des Krankenhauses betreten. Auf einer Bank sitzen Valerie und drei ihrer Freundinnen. Alle haben dicke schwarze Streber-Brillen auf der Nase und tragen so uncoole Klamotten wie Schlabber-Jeans und T-Shirts mit der Aufschrift »$E = mc^2$«. Die diensthabende Krankenschwester sieht mich irritiert an und schüttelt mit dem Kopf. Ich begrüße meine Tochter und frage: »Wie geht's Sophie?« Valerie: »Der wird gerade der Magen ausgepumpt.« Ich: »Soll ich ihre Eltern anrufen?« Valeries Freundin Melli: »Nein, um Gottes willen. Die Sophie hat doch so strenge Eltern, die machen Mordsärger. Ich habe ihnen schon eine SMS geschrieben, dass Sophie heute bei mir schläft.« Ich gehe zum Heißgetränke-Automaten und spendiere den Mädels eine Runde

Tee mit extra viel Zucker. Dann will ich von Valerie wissen, was auf der Party passiert ist. »Da war so ein Junge, der hatte eine Flasche alten Captain-Morgan-Rum dabei, diesen ultra-harten mit 73 Prozent Alkohol, der heute nicht mehr hergestellt wird. Davon hat Sophie anscheinend zu viel erwischt«, berichtet meine Tochter. »Anscheinend«, antworte ich und denke mit Grausen an diverse eigene Captain-Morgan-Unfälle in meiner Jugend, die zwar mit schrecklichen Kopfschmerzen endeten, aber glücklicherweise nie in der Notaufnahme.

Zwei Stunden später, Alexa und die Mädels sind längst eingenickt, während ich tapfer Nachtwache halte, betritt im Morgengrauen ein Arzt die Notaufnahme. Er sagt zu mir: »Sie können jetzt zu Ihrer Sophie, sie darf das Krankenhaus verlassen.« Ich will dem jungen Mediziner gerade noch erklären, dass ich gar nicht der Vater bin, aber er kümmert sich bereits um das nächste minderjährige Flatrate-Opfer. Vorsichtig wecke ich Alexa, Valerie und die anderen Mädels. Dann gehen wir im Gänsemarsch Richtung Sophies Zimmer. Die Patientin schläft und ihre Gesichtsfarbe ist kaum von dem strahlenden Krankenhausweiß des Kopfkissens zu unterscheiden. Als Sophie erwacht, greift sie zu der Mineralwasserflasche neben ihrem Bett und ext sie weg. Dann fragt sie in die Runde: »Sagt mal, Mädels, wann geht noch mal heute Abend die Luder-Lobby-Party los?«

VALERIES WAHRHEIT

Papa, kapier es endlich: Wer hart viel lernt, darf hart viel feiern. Und du musst schon zugeben, dass meine Mathe-Eins der Super-Knaller ist. Ich musste auch zweimal hinschauen, bis ich es glauben konnte. Ich eine Eins – in Mathe! Yeah! Hab auch sofort Claudi, der Klugen, eine SMS geschrieben. Die rief mich dann gleich an, aber ich konnte nicht rangehen, weil ich ja noch im Unterricht saß. Die Nerd-Party war echt voll lustig, nur das Ende war echt voll krass. Ich möchte nie nach einer Alkoholvergiftung im Krankenhaus aufwachen. Das siehst du doch sicher ähnlich, oder? Und, Papa, mach dir keine Sorgen: So harte Sachen wie Captain Morgan mag ich eh nicht. Wenn schon Schnaps, dann nur Jägermeister. Grins!

47. KAPITEL

DIE JAHRHUNDERT-KÖCHIN

»Aber als Koch reicht mir der Hauptschulabschluss.«

Dass meine Tochter gerne isst, habe ich ja schon verraten. Für ein zierliches Persönchen von knapp 1,70 Meter verdrückt sie auch ordentliche Mengen. Ein Teller Nachschlag ist bei Valerie nicht die Ausnahme, sondern die Regel. Außerdem hat es ihr schon früher Spaß gemacht, beim Kochen zu helfen. Selbst niedere Tätigkeiten wie das Schälen von Kartoffeln und Karotten erledigte sie mit einem Lächeln auf den Lippen. Das hätte mich schon damals stutzig machen können, denn heute ist alles anders: Kochen ist die große Leidenschaft in Valeries Leben. Mit einigen Vor- und vielen Nachteilen für ihren Vater. Dass sie sich zu Ostern ein japanisches Profi-Kochmesser für knapp 100 Euro wünscht, verstehe ich ja noch halbwegs. Das ist eine Anschaffung fürs Leben. Aber dass sie mir neuerdings detaillierte Einkaufslisten als SMS aufs Handy schickt, die ich gefälligst präzise abzuarbeiten habe, das macht mein Leben deutlich komplizierter.

Ihre Texte lauten etwa so: »Für heute Abend drei King Prawns bei Fisch Witte auf dem Viktualienmarkt kaufen, Hummer-Fond für die Soße, Biokartoffeln und frische Chili-Schoten für das scharfe Püree.« Wenn ich dann über Münchens berühmten Lebensmittel-Markt schlendere, mein Portemonnaie sich an jedem Stand weiter leert, dann denke ich trotzdem mit einem Lächeln im Gesicht an Valeries Worte. »Papa, Kochen ist mein Talent. Der Robin und alle anderen sagen, dass niemand so gut kochen kann wie ich«, hatte mir mein Kind bei einem seiner letzten Besuche stolz verraten. Und ich denke, vielleicht hat die Liebe zum Kochen auch ihr Gutes. Zum Beispiel ist Valerie in letzter Zeit selten auf Facebook, sondern viel öfter auf www.chefkoch.de. Und Freitagnacht geht sie nur noch manchmal aus, weil sie lieber *Lanz kocht* im ZDF schauen mag.

Als Valerie an diesem Abend zu Alexa und mir kommt, um die Riesengarnelen zuzubereiten, begrüßt sie mich mit der Frage: »Na, Papa, hast du alles besorgt?« Ich: »Natürlich, wie es die Chefköchin befohlen hat.« Dann saust sie schnurstracks in die Küche, legt ihre Schürze an und beginnt hoch konzentriert mit den Essensvorbereitungen. Fachmännisch wäscht sie die Garnelen, schneidet sie schmetterlingsförmig auf und entfernt den Ekel-Darm. Dann macht sie sich mit ihrem neuen Super-Sparschäler, den sie mitgebracht hat, an die teuren Bio-Markt-Kartoffeln. Gleichzeitig zaubert sie in einem kleinen Topf die Hummer-Soße. Ich versuche, ein Gespräch mit Valerie zu beginnen: »Sag mal, wie läuft's denn so in der Schule?« – »Papa, ihr habt doch hoffentlich Safran«, antwortet Valerie. Ratlos blicke ich zu Alexa, die nur grinsend mit den Schultern zuckt. Nach einer guten Stunde ist das Edel-Essen bereit zum Verzehr. Als ich nach den ersten Bissen mein Kind für das köstliche Mahl loben will, werde ich chilischarf zurechtgewiesen: »Papa, konzentriere dich lieber auf das Aromenspiel, als dauernd zu quatschen.« Gut, denke ich und genieße schweigend weiter.

Einige Tage später treffen wir Valerie bei unserem Lieblings-Franzosen Thierry. Wir essen die formidable Quiche Lorraine und trinken dazu ein Glas Weißwein aus dem Languedoc. Valerie bevorzugt Cidre. »Meinst du, Papa, dass ich den Thierry nach dem Rezept für die Quiche fragen kann?«, will meine Tochter wissen. »Das gibt er dir sicher«, antworte ich. Plötzlich knufft mich Valerie in die Rippen und sagt mit weit aufgerissenen Augen: »Du, da hinten, das ist doch Eckart Witzigmann.« Ich: »Ja, der Jahrhundert-Koch. Der ist oft hier, weil Thierry früher bei ihm gearbeitet hat.« Valerie: »Ich habe doch dieses sensationelle Kochbuch von ihm. Das ist viel besser als die Bücher von Jamie Oliver und Tim Mälzer. Ich brauche unbedingt ein Autogramm von Herrn Witzigmann.« Ich: »Dann geh rüber und hol's dir.« Valerie nimmt ihre Handtasche, geht an den Tisch von Eckart Witzigmann und lässt sich von ihrem Koch-Idol den Schulblock signieren. Aus dem Augenwinkel sehe ich, dass sie danach auf dem Stuhl neben Witzigmann Platz nimmt. Erst eine halbe Stunde später kehrt sie zu Alexa und mir zurück. »Was habt ihr denn so lange geredet?«, frage ich Valerie. Sie: »Der Ecki, wie ich ihn jetzt nennen darf, ist supernett. Er hat mir sein Spezialrezept für Lammrücken gegeben. Schau, ich hab alles ganz genau mitgeschrieben.« Und tatsächlich: Da, wo die Lösung für die Chemie-Hausaufgabe stehen sollte, steht jetzt in Valeries Schulblock das Rezept für »Lammrücken mit Kräuterkruste nach E. Witzigmann«.

Am Mittwoch der nächsten Woche klingelt zur Mittagszeit mein Handy. Valeries Schule ist dran, ich bekomme einen Riesenschreck. »Wie kann ich helfen?«, flöte ich ins Telefon. Die Sekretärin: »Herr Hagen, Ihre Tochter hat sich unerlaubt vom Unterricht entfernt. Sie schwänzt einfach die letzte Stunde. Das war gestern und vorgestern auch schon so.« Ich: »Gut, gut, ich werde das sofort mit ihr klären. Das wird nicht wieder vorkommen.« Als ich Valerie erreiche, fragt sie mit Unschuldsstimme: »Was gibt's, Papa?« Ich: »Du weißt genau, was es gibt. Du machst seit drei Tagen die letzte Schulstunde blau. Warum, um Himmels willen?« Valerie: »Na ja, sonst kann ich ja *Die Küchenschlacht* nicht sehen. Das ist eine sehr wichtige Sendung für mich. Ich möchte Köchin werden.« – »Darüber können wir reden, wenn du dein Abitur hast, aber keinen Tag davor«, erwidere ich streng. Valerie: »Aber als Koch reicht mir der Hauptschulabschluss.« Mir dreht sich der Magen um und ich beschließe, sofort einen Hungerstreik zu beginnen ...

VALERIES WAHRHEIT

Warum ist dir das mit dem blöden Abitur so wichtig, Papa? Ich koche wirklich für mein Leben gern. Früher habe ich ja nur zu Geburtstagen Kuchen gebacken, aber jetzt traue ich mich schon an komplizierte Gerichte wie Seezungen-Röllchen im Mangold-Bett heran. Du profitierst doch voll davon und bist derjenige, der sich am meisten über meine neue Koch-Leidenschaft freut. Also unterstütze mich ein bisschen. Kochen ist viel cooler als Chemie.

48. KAPITEL
IM MENSA-CLUB

Bevor meine Tochter alle ihre Schulbücher verbrennt und nur noch Kochbücher liest, muss ich etwas unternehmen. Ich entschließe mich dazu, Valerie die Ludwig-Maximilians-Universität, kurz LMU, zu zeigen, eine der renommiertesten Hochschulen Deutschlands mit über 500-jähriger Geschichte. Dort will ich sie im wahrsten Sinne auf den Uni-Geschmack bringen, damit sie die Schule durchhält und irgendwann ihr Abi macht. Am Freitag stehe ich also pünktlich um 13.15 Uhr vor dem Haupteingang ihres Gymnasiums und fange Valerie ab. »Darf ich dich heute zum Essen einladen?«, frage ich. Meine Tochter, die neue Gourmet-Expertin, ist gleich Feuer und Flamme: »Aber klar. Wo geht's denn hin?« Ich: »In die Mensa!« Valerie: »Das muss ein neues Restaurant sein. Von dem habe ich noch gar nicht gehört.« Als ich ihr erkläre, dass es sich bei der Mensa um die Uni-Kantine handelt, zieht Valerie eine Schnute. »Muss das sein? Da gehe ich ja sogar lieber zu McDonald's«, sagt sie mit Quengelstimme. »Nein, kommt nicht infrage. Heute ist Mensa-Tag«, erwidere ich kategorisch. Schließlich wurde unser Uni-Besuch von mir aufwendig vorbereitet.

Am Vorabend habe ich mir vom Sohn unseres Unter-Nachbarn den Studentenausweis geliehen. Er sieht ein bisschen so aus wie ich – also sehr viel früher: jung, dunkelhaarig, große Nase. Trotzdem habe ich jetzt Angst, dass wir mit unserem kleinen Schwindel auffliegen. Aber alles klappt grandios. Ich ziehe den Studentenausweis durch einen Schlitz und das Drehkreuz gibt uns den Weg frei in die Mensa. Valerie ist begeistert: »Das sieht ja aus wie in einem Vapiano-Restaurant, nur viel, viel größer.« Ich wähle Bio-Spaghetti bolognese, Valerie nimmt gebratene Hähnchenbrust mit Salbei, Thymian und Weinbrand-Soße. Als ich für beide Gerichte 3,70 Euro bezahle, ist Valerie restlos begeistert. »Hier gehe ich das nächste Mal mit den Mädels essen. Das ist ja supergünstig«, sagt sie und eilt zum Salatbuffet. Dort häuft sie sich einen Riesenberg Grünzeug auf den Teller, der noch mal 80 Cent kostet. Valeries Urteil als Nachwuchs-Gastrokritikerin: »Papa, das ist alles ganz köstlich hier.«

Während wir unsere Teller leeren, erscheint plötzlich ein junger Mann an unserem Tisch. Vom Typ her könnte er der Zwillingsbruder von Hollywood-Beau Matthew McConaughey sein. Ich denke noch, der studiert sicher Surfen, da spricht der Schönling Valerie an: »Bist du nicht auch in KW?« Meine Tochter schaut verdutzt und sagt: »Äh, wie bitte?« – »Na, Kommunikationswissenschaften«, erklärt der Gutaussehende geduldig. Valerie: »Äh, nein, also, noch nein. Vielleicht später ...« Der Surfer-Typ zeigt sein Zahnpasta-Werbelächeln und säuselt: »Ja, das wäre schön.« Dann ist er weg. Valeries Gesicht ist vor Scham fast so rot geworden wie meine Spaghetti-Soße. Selig blickt mich meine Tochter an und sagt: »Hier müssen wir öfter herkommen, Papa, äh, Clemens.« Ich: »Wenn du das Abi packst, kannst du in ein paar Jahren jeden Tag hier essen.« – »Also, das wäre schon ein Grund, in der Schule noch mal richtig Gas zu geben«, sagt mein Kind zu meiner Überraschung. Ich bin happy.

Während sich Valerie ein Tiramisu zum Dessert holt, fragen mich zwei andere Studenten, ob an unserem Tisch noch Platz sei. »Natürlich«, antworte ich, »bitte schön.« Die beiden sehen zwar nicht ganz so blendend aus wie der Surfer, dafür studieren sie Medizin, wie sie mir verraten. Valerie löffelt ihre Nachspeise und will von unseren neuen Mitessern wissen, woher sie kommen. »Also, ich bin der Stephan und komme aus Pirmasens. Und das ist der Bernd, der kommt aus Montabaur.« Ich spüre, dass Valerie denkt, die Ärzte in spe kämen vom Mond. Trotzdem fragt sie wohlerzogen: »Und wo wohnt ihr in München?« Stephan antwortet: »Gut und günstig, im Studentenwohnheim. Das ist cool, da sind dauernd Partys.« Valerie grinst mich an und sagt: »Ich glaube, ich werde das Studentenleben lieben.« Ich horche unsere Tischgäste weiter aus: »Und wovon lebt ihr? München ist ja ein teures Pflaster.« Bernd antwortet: »Also, im Sommer jobben wir in einem Café, in der Bar Centrale. Da gibt's den besten Espresso der Stadt. Und im Winter verdienen wir uns als Skilehrer am Brauneck etwas

dazu. Außerdem helfen uns unsere Eltern.« Ich muss schlucken und hole mir zur Beruhigung jetzt auch einen Espresso.

Als ich mich brav in die Schlange vor dem Kaffee-Automaten einreihe, entdecke ich direkt vor mir meinen Uralt-Kumpel Wolfi Laurenz. Wolfi hat nicht nur den größten Kopf aller Menschen, die ich kenne. Er hat – mit durchwachsenem Erfolg – früher auch versucht, mir die Geheimnisse der französischen Grammatik zu erklären. Subjonctif, Gérondif und alle anderen Ifs. Dann studierte er in Rekordzeit und wurde mit 35 Deutschlands jüngster Jura-Professor. Als Wolfi mich sieht, sagt er: »Hey, Clemens, alter Schwede! Studierst du jetzt endlich? Hoffentlich Jura.« Ich: »Äh, nein, Wolfi, kommt vielleicht noch. Aber meine Tochter, die dahinten sitzt, die wird hoffentlich einmal studieren.« Wolfi: »Was? Du hast eine Tochter? Darf ich meinen Kaffee mit euch trinken?« Da Pirmasens und Montabaur aufgegessen und unseren Tisch verlassen haben, sage ich: »Klar, das wäre uns eine Ehre.« Ich stelle Wolfi meiner Tochter vor. »Das hier«, sage ich, »ist der berühmte Professor Laurenz. Er hat mir früher Nachhilfe gegeben und heute einen Lehrstuhl für Jura an der LMU.« – »So, und du bist die Tochter vom Clemens und willst hier studieren?«, will Wolfi von Valerie wissen. »Ja, wenn ich die Schule schaffe, dann schon«, antwortet Valerie. Wolfi: »Ach, papperlapapp! So schlecht wie dein Vater kannst du in der Schule gar nicht sein. Du packst das schon. Wenn du magst, dann zeige ich dir mal die ganze Uni. Damit du weißt, was dich später erwartet.« Valerie: »Ja, das wäre cool. Ist ja alles so riesig hier, also viel größer als meine kleine Schule.« Als wir uns verabschieden, drückt Wolfi Valerie eine Visitenkarte in die Hand und sagt: »Ruf mich einfach an, wenn du Zeit und Lust hast.« Auf dem Heimweg meint meine Tochter zu mir: »Papa, dass du einen echten Professor kennst, das überrascht mich jetzt.« Ich: »Ja, verrückt, nicht? Aber manche aus meiner alten Clique haben's tatsächlich zu etwas gebracht.«

VALERIES WAHRHEIT

Schule ist ja nicht so der Super-Burner, aber die Uni hat mich voll umgehauen! Was für ein riesiges, tolles Gebäude – und diese Mensa gefällt mir total gut. Langsam verstehe ich, warum es diesen Numerus clausus gibt, weil ja wahrscheinlich jeder nach dem Abi studieren will. Warum hast du eigentlich nicht studiert, Papa?! Dass du dir das hast entgehen lassen, war echt dumm von dir. Stell dir mal vor, du hättest einen Doktortitel, das wäre so cool. Und ich hätte wirklich total Respekt vor dir.

Robin ist reif für die Hochschule: Mit 19 Jahren und einem Notendurchschnitt von 2,4 hat Valeries Freund das Abitur bestanden. »Manno, Papa, das ist voll ungerecht«, sagt meine Tochter, als sie mir am Telefon davon erzählt, »ich muss noch zwei Jahre büffeln.« – »Du bist dann doch erst 18«, erwidere ich, »dein Vater hat sein Abi mit 21 gemacht. Schon vergessen?« – »Stimmt«, sagt Valerie lachend, »du bist ja auch Bayerns ältester Abiturient aller Zeiten. Hast du damals eigentlich einen Pokal bekommen?« Ich: »Nun werde mal nicht frech hier. Wann und wo ist denn Robins Abi-Ball?« Valerie: »Der ist in zwei Wochen im Hotel Münchener Hof. Über das Thema müssen wir sowieso sprechen. Ich wollte euch die Tage abends mal besuchen.« Ich: »Sehr gerne, sag vorher nur kurz Bescheid.«

Als Valerie drei Tage später bei uns erscheint, wird mir schnell klar, worum es geht. »Du, Papa«, sagt sie, ohne Zeit zu verlieren, »ich brauche noch ein Abendkleid für den Abi-Ball. Ich hab's auch schon gefunden. Soll ich es euch im Internet zeigen?« Auf der Edelklamotten-Seite www.stylebop.de präsentiert sie Alexa und mir ein heruntergesetztes Valentino-Kleid, das allerdings immer noch sportliche 540 Euro kostet. »Wunderschön, nicht?«, sagt Valerie mit leuchtenden Augen. »Papa, du musst mir auch nur die Hälfte von dem Geld geben, den Rest habe ich gespart. Ach ja: Bestellt habe ich das Kleid auch schon.« Ich bekomme einen Hustenanfall und sage: »Eine Menge Kohle für so einen eierschalfarbenen Fummel.« Alexa: »Von Mode hast du echt keinen Plan, das ist Nude, die neue Trendfarbe.« Dann schaltet sich Valerie ein: »Ihr liegt beide falsch. Die Farbe heißt Champagner. Das klingt viel vornehmer.« Ich: »Völlig egal, wie man die Farbe nennt, Valerie. Du hast schon einen ganzen Schrank voller Kleider. Außerdem muss eine 16-Jährige wie du nicht unbedingt Valentino tragen.« Jetzt kriegt Valerie einen veritablen Wutanfall und hält mir einen halbstündigen Wut-Monolog: »Papa, du gönnst mir auch gar nichts«, »Papa, du bist sooo geizig«, »Papa, wenn du mir das Geld gibst, verzichte ich auf Weihnachtsgeschenke«. Ich gelange zu der Erkenntnis, dass meine Tochter unbedingt Ballkönigin werden will und dafür exakt dieses Kleid braucht.

»Alexa«, sagt Valerie mit Bettelstimme, »leihst du mir für den Abend deine silbernen High Heels, also die mit den Elf-Zentimeter-Monsterabsätzen? Und vielleicht auch die silberne Clutch?« – »Klar«, antwortet meine Verlobte, »wenn du in den Schuhen gehen kannst.« Valerie flitzt in unsere Rumpelkammer, wo Alexa ihre Schuh-Schätze fein säuberlich in den dazugehörigen Schachteln aufbewahrt. Die Silber-Schuhe passen wie angegossen und Valerie gibt uns im Flur eine spontane Heidi-Klum-Laufsteg-Parodie mit Handtaschen-Schlenkern, Po-Wackeln und allem. »Na, meint ihr nicht, dass ich jedes Model-Casting gewinnen würde?«, will Valerie wissen.

Ich bejahe und frage mein Kind: »Sag mal, kannst du mit diesen Killer-Heels überhaupt tanzen?« Valerie: »Wieso tanzen?« Ich: »Na ja, auf Bällen wird nun mal getanzt. Zumindest den Walzer solltest du draufhaben. Und du hast Glück: Walzer ist der einzige Tanz, den ich beherrsche. Danach habe ich damals die Tanzschule geschmissen.« Im Wohnzimmer lege ich die Johann-Strauß-CD ein, die mir irgendwann einmal meine Eltern geschenkt haben. Nach einer kurzen Einführung wirbeln Valerie und ich im Dreivierteltakt übers Parkett. Sie: »Du stellst dich gar nicht so ungeschickt an, wie ich befürchtet habe.« Ich: »Danke für die Blumen. Jetzt bist du hochoffiziell ballfit.«

Am Abend der großen Abi-Sause begleiten Alexa und ich Valerie zum Münchener Hof. Vor dem Eingang steht eine Traube rauchender Jungs, alle in mehr oder weniger schlecht sitzenden Smokings. Für einen Moment bedauere ich, dass ich keinen Sohn habe, denn ein Leih-Smoking ist deutlich günstiger als Valeries Valentino-Robe. Aber dafür sieht meine Tochter heute noch bezaubernder aus als sonst. Das findet auch Robin, der seine Freundin mit »Boah ey, Wahnsinn!« begrüßt.

Gerührt begleiten wir die beiden zum großen Ballsaal. Neben der schweren goldenen Tür steht die Speisekarte mit dem Menü. Mein kulinarisch interessiertes Kind verzieht das Gesicht: »Papa, schau mal. Als Vorspeisen gibt's erst schreckliche Glibber-Austern und dann diese politisch unkorrekte Gänsestopfleber. Igitt!« Mir läuft das Wasser im Mund zusammen und ich sage: »Wenn's Mademoiselle nicht schmeckt, kann ich den Robin vielleicht begleiten.« Valerie findet meinen Vorschlag nicht komisch und erwidert: »Weißt du, was du kannst? Du kannst mich um Mitternacht abholen. Und jetzt: Tschüss!« Alexa und ich wünschen den beiden noch viel Spaß, dann verabschieden wir uns und gehen ins Kino. Unvorsichtigerweise hatte ich meiner Verlobten versprochen, mit ihr die neue Ashton-Kutcher-Liebeskomödie anzusehen, während im Kino nebenan eine Retrospektive mit allen Italo-Western-Klassikern von Sergio Leone gezeigt wird. Blöd gelaufen, denke ich.

Kurz vor Mitternacht, nach einigen Drinks in der Kino-Bar, machen wir uns auf, um Valerie abzuholen. Offensichtlich leicht beschwipst vom Abi-Schampus, fällt uns Valerie um den Hals. »Wir machen nur noch ganz schnell das Abschlussfoto auf der Dachterrasse. Ihr könnt ja mitkommen«, sagt Valerie und düst mit den anderen im Aufzug in den siebten Stock des Hotels. Alexa und ich folgen in einem anderen Lift. Wir kommen gerade noch rechtzeitig, um zu sehen, wie die Gruppe vor dem beleuchteten Swimmingpool Aufstellung nimmt. Valerie, dank Alexas High Heels eine der Größten, muss in die letzte Reihe, ganz dicht an den Beckenrand. Als der Fotograf den Auslöser betätigt und der Blitz die Pool-Landschaft erhellt, kriegt meine Tochter einen Schreck und verliert das Gleichgewicht. Ein spitzer Schrei und – platsch! Valerie, Valentino und die Silber-Schuhe landen im Wasser. Während viele der Jungs mit ihren Smartphones Fotos machen und Filmchen drehen, ist Robin ganz Gentleman. Erst zieht er Valerie aus dem Pool, dann stellt er sich vor sie, damit man nicht sieht, dass ihre Dessous durch

das nasse Kleidchen schimmern. Ich organisiere in der Zwischen-
zeit ein Handtuch.

Als ich zurückkomme, weint Valerie. Ihre Wimperntusche ist
total verlaufen und ihre kunstvolle Hochsteckfrisur komplett im
Eimer. Als Robin sie trocken rubbelt, erscheint aber schnell wieder
ein Lächeln auf ihrem Gesicht. Robin sagt zu Valerie: »Du bist
meine Meerjungfrau. Ich liebe dich immer, auch nass.« Meine
Tochter nimmt ihren Freund an der Hand und kommt zu Alexa
und mir. Dann nimmt sie uns alle drei in den Arm und sagt: »Ich
liebe euch auch.«

VALERIES WAHRHEIT

Oh Gott, wie peinlich. Noch heute gibt es Filme von mir auf YouTube,
wie ich da in den Pool falle. Und alle haben das auf Facebook rum-
gepostet. Schrecklich! Mein schönes Kleid. Warum bin ich nur so
ungeschickt? Das habe ich bestimmt von dir geerbt, Papa! Vielen
Dank für das Ungeschicklichkeits-Gen! Alle haben meine Unter-
wäsche gesehen und fragen mich noch heute, ob ich jetzt endlich
mein Seepferdchen-Abzeichen gemacht habe. Sehr witzig! Ich hoffe
nur, dass es auf meiner Abi-Party keinen Pool gibt. Nicht mal ein
Planschbecken oder einen Brunnen.

50. KAPITEL

DIE PICKNICKER

Valerie wird 17. Ein ganz grauenhafter Geburtstag, wie sie findet. »Papa, das bringt einem doch nichts, so überhaupt nichts. Das ist das dümmste Alter, nichts ändert sich«, hatte sie schon Wochen zuvor lamentiert. Ich sehe das, wie so vieles im Leben meiner Tochter, anders, ganz anders. In einem Jahr wird Valerie volljährig sein, ihren Führerschein machen, wählen gehen und so weiter. Ich beschließe, dass es an der Zeit ist, von der Kindheit meines Kindes langsam Abschied zu nehmen. Und das soll in gebührendem Rahmen geschehen. Also schlage ich Valerie vor, auf der Flunkyball-Wiese (auch bekannt als Kotz-Wiese) im Englischen Garten ein edles Geburtstags-Picknick zu veranstalten. Nur wir zwei, ganz ohne Alexa, Robin oder ihre Mädels. Zu meiner Überraschung findet Valerie den Plan gar nicht doof, sondern ist, ganz im Gegenteil, begeistert. »Papa, soll ich Essen und Getränke besorgen?«, fragt sie mich am Telefon, als ich ihr von der Picknick-Idee erzähle. »Nein, mein Schatz, das macht dein Vater. Schließlich hast du ja Geburtstag«, erwidere ich.

An Valeries Ehrentag sause ich in die Stadt und besorge in der Delikatessen-Abteilung vom Kaufhof am Marienplatz zwei Piccolo-Fläschchen Champagner, jeweils 300 Gramm Lachs und Thunfisch, Wasabi-Paste, Nori-Blätter und eingelegten Ingwer. Ich möchte das Geburtstagskind mit selbst gemachtem Sushi überraschen. Da ich keinerlei Erfahrung auf diesem Gebiet besitze, bin ich entsprechend nervös. Wieder zu Hause angekommen, mache ich mich trotzdem mit Feuereifer an die Arbeit. Da ich nicht nur Linkshänder bin, sondern in der Tat zwei linke Hände habe, geraten die Sushi-Rollen zur Vollkatastrophe. Ich blicke auf die krummen Algenblätter mit Fisch-, Reis- und Avocado-Füllung und denke unwillkürlich an den Schiefen Turm von Pisa. Leise fluchend, frage ich mich, warum ich nicht gleich fertiges Sushi erworben habe. Dennoch, so hoffe ich zumindest, wird meine Tochter den guten Willen erkennen und vielleicht sogar einen Happen vom hässlichsten Sushi aller Zeiten probieren.

Bevor ich Richtung Englischer Garten starte, packe ich meinen selbst fabrizierten Japan-Jammer in Alexas schönen Picknick-Koffer. Schließlich soll zumindest die Verpackung stimmen. Am vereinbarten Treffpunkt wartet Valerie schon auf mich. Ich nehme sie zur Begrüßung in den Arm, drücke sie und sage: »Die allerallerbesten Glückwünsche zu deinem 17. Geburtstag, mein Kind.« Valerie antwortet: »Vielen Dank, Papa, aber das mit dem Kind kannst du dir langsam mal sparen.« Ich: »Dafür habe ich eine ganz tolle Überraschung für dich dabei. Ich habe zum ersten Mal in meinem Leben Sushi gemacht.« Valerie: »Was? Du willst mich ausgerechnet an meinem Geburtstag vergiften? Das ist aber nett.« Ich: »Du weißt ja gar nicht, wie stressig das Sushi-Rollen war. Anstandshalber könntest du jetzt wenigstens einen Bissen versuchen.« Wir nehmen auf einer Parkbank Platz. Ich öffne den Koffer, hole eine karierte Tischdecke heraus und breite sie aus. Dann stelle ich die Tupperware-Dosen mit dem schiefen Sushi zwischen uns. Als ich meiner Tochter die Baby-Schampus-Flasche samt Strohhalm in die Hand drücke, hellt sich ihre Miene deutlich auf. Wir stoßen an und Valerie tunkt ein Stück vom Makel-Maki in die Soja-Soße. »Die sehen zwar grauenhaft aus, aber schmecken ganz köstlich«, lautet ihr Urteil. Valerie weiter: »Papa, gibst du mir bitte noch ein paar Stücken mit Thunfisch und die scharfe Wasabi-Paste?« Ich fühle mich schlagartig wie Japans größter Sushi-Meister mit zehn-jähriger Ausbildung.

Nach dem Mahl packe ich die Sachen zurück in den Picknick-Korb. Valerie rutscht zu mir herüber und kuschelt sich an mich. Ich nehme sie in den Arm und wir reden über Gott und die Welt. Was uns beiden in den letzten Jahren alles Verrücktes passiert ist: mein Besuch beim Frauenarzt, das Jägermeister-Drama, die Befreiung aus der weißen Ski-Hölle, ihr Malheur beim Abi-Ball und die vielen schönen (und nicht ganz so schönen) Erlebnisse auf dem Oktober-fest. Es ist einer dieser seltenen perfekten Nachmittage. Die Sonne scheint am weiß-blauen Bayern-Himmel, kein Handy klingelt,

niemand stört die sommerliche Parkidylle. Immer wieder denke ich während unseres Gesprächs daran, was für ein unendlich großes Glück es ist, so eine bezaubernde Tochter zu haben. Sie ist mir das Allerwichtigste auf der Welt. Daran ändern auch die kleineren und größeren Teenie-Katastrophen in unserem Leben nichts.

Ich beschließe, mich auch von den schlimmsten Teenitus-Anfällen nicht unterkriegen zu lassen – selbst wenn mein Kind irgendwann mal ein Twen sein wird. Als Valerie sieht, wie ich mir eine Träne der Rührung aus dem Auge wische, sagt sie: »Mann, Alter, jetzt reiß dich mal zusammen. Heute ist doch erst mein 17. Geburtstag. Wie soll das denn erst am 18. werden? Weißt du: Ich bin jetzt nur noch 365 Tage lang minderjährig. Dann kann ich tun und lassen, was ich will.« Ich: »Na, hoffentlich brennst du an deinem nächsten Geburtstag nicht gleich mit so einem Surfer-Typen nach Australien durch.« Valerie: »Keine Bange, ich bin hier mit dem Robin glücklich. Aber man weiß ja nie, was die Zukunft bringt.«

To be continued ...

VALERIES WAHRHEIT

Dass ausgerechnet du, Mr. Ungeschickt, mir zum Geburtstag Sushi machst, ist für mich genauso überraschend, wie wenn du plötzlich einen Häkel- oder Töpferkurs belegen würdest. Kannst ja gleich mit Yoga anfangen. Aber irgendwie ist die Sushi-Aktion auch süß von dir. Jetzt kann ich es mal hochoffiziell zugeben: Ich hab dich schon verdammt lieb, Papa. Du erlaubst mir eine ganze Menge. Und du versuchst nie, mir vorzuspielen, du selbst wärst in deiner Jugend der dauerbrave Vollstrebi gewesen. So einen Vater wie dich kann ich nur jeder Tochter wünschen. Aber bitte, um Himmels willen, jetzt nicht gleich wieder vor Freude tanzen!